This Book Comes With Free Bonus Puzzles
Available Here:

BestActivityBooks.com/WSBONUS20

GET YOUR BONUS FREE
CODE: WSBONUS20

5 TIPS TO START!

1) HOW TO SOLVE

The Puzzles are in a Classic Format:

- Words are hidden without breaks (no spaces, dashes, ...)
- Orientation: Forward & Backward, Up & Down or in Diagonal (can be in both directions)
- Words can overlap or cross each other

2) ACTIVE LEARNING

To encourage learning actively, a space is provided next to each word to write down the translation. The **DICTIONARY** allows you to verify and expand your knowledge. You can look up and write down each translation, find the words in the Puzzle then add them to your vocabulary!

3) TAG YOUR WORDS

Have you tried using a tag system? For example, you could mark the words which have been difficult to find with a cross, the ones you loved with a star, new words with a triangle, rare words with a diamond and so on...

4) ORGANIZE YOUR LEARNING

We also offer a convenient **NOTEBOOK** at the end of this edition. Whether on vacation, travelling or at home, you can easily organize your new knowledge without needing a second notebook!

5) FINISHED?

Go to the bonus section: **MONSTER CHALLENGE** to find a free game offered at the end of this edition!

Want more fun and learning activities? It's **Fast and Simple!**
An entire Game Book Collection just **one click away!**

Find your next challenge at:

BestActivityBooks.com/MyNextWordSearch

Ready, Set... Go!

Did you know there are around 7,000 different languages in the world? Words are precious.

We love languages and have been working hard to make the highest quality books for you. Our ingredients?

A selection of indispensable learning themes, three big slices of fun, then we add a spoonful of difficult words and a pinch of rare ones. We serve them up with care and a maximum of delight so you can solve the best word games and have fun learning!

Your feedback is essential. You can be an active participant in the success of this book by leaving us a review. Tell us what you liked most in this edition!

Here is a short link which will take you to your order page.

BestBooksActivity.com/Review50

Thanks for your help and enjoy the Game!

Linguas Classics Team

1 - Antiques

ギ	ル	レ	プ	動	価	ャ	ス	ズ	レ	興	オ	画	ラ	書	ル
ャ	猟	エ	園	釣	格	ン	珍	タ	ル	プ	ー	装	飾	ー	ャ
ラ	り	画	キ	リ	パ	ラ	品	し	イ	品	セ	書	絵	ク	園
リ	ー	ゼ	ダ	園	り	ジ	興	喜	い	ル	ン	陶	陶	真	猟
ー	プ	物	編	味	シ	活	プ	芸	古	プ	テ	陶	物	読	キ
プ	シ	書	園	釣	影	釣	リ	味	プ	エ	ィ	芸	読	ジ	喜
グ	法	物	ラ	エ	ク	ジ	パ	グ	狩	写	ッ	ク	書	ュ	物
彫	刻	び	グ	値	ダ	狩	ゲ	ー	品	ム	ク	物	ハ	エ	ズ
数	ム	狩	編	ジ	猟	投	資	ー	ー	ー	ダ	ズ	編	リ	み
十	品	ハ	リ	猟	り	ゼ	興	絵	ゲ	ル	真	陶	ト	ー	ア
年	シ	読	撮	パ	物	ジ	コ	読	家	ャ	エ	ン	び	編	ャ
ダ	喜	ン	園	魔	写	真	イ	エ	釣	具	真	動	キ	ハ	読
品	質	書	園	ン	真	編	ン	レ	味	真	ハ	ム	レ	ジ	編
影	魔	ラ	猟	ム	ン	レ	イ	ガ	園	ャ	品	園	り	世	紀
写	エ	ゼ	ズ	味	ル	写	狩	ン	画	画	編	ク	猟	レ	ゲ
復	元	喜	絵	ズ	ダ	味	ズ	ト	ズ	ャ	競	売	影	パ	園

アート　　　　　　　　　　　投資
競売　　　　　　　　　　　　ジュエリー
オーセンティック　　　　　　古い
世紀　　　　　　　　　　　　価格
コイン　　　　　　　　　　　品質
数十年　　　　　　　　　　　復元
装飾　　　　　　　　　　　　彫刻
エレガント　　　　　　　　　スタイル
家具　　　　　　　　　　　　珍しい
ギャラリー

2 - Food #1

ル	パ	読	ゼ	物	味	ジ	品	魔	園	撮	プ	ー	釣	ク	芸
ハ	魔	園	味	ラ	活	グ	喜	画	画	ゲ	編	ズ	ム	画	書
芸	猟	ニ	ン	ニ	ク	興	び	活	編	砂	糖	園	パ	編	ジ
み	キ	ル	ム	法	ゲ	園	写	法	画	陶	品	芸	ル	物	ン
り	読	品	落	ャ	ー	釣	画	ア	パ	ク	ル	喜	エ	陶	ル
シ	苺	物	玉	花	ク	ム	ジ	プ	ー	ス	猟	品	書	ゲ	キ
ゼ	陶	芸	葱	レ	生	写	ュ	リ	活	喜	ラ	ゲ	魔	シ	書
ダ	味	魔	猟	モ	グ	釣	ー	コ	園	動	ハ	喜	み	ダ	物
影	狩	物	ほ	ン	ダ	び	ス	ッ	イ	ム	品	ゼ	ズ	品	リ
品	物	梨	画	う	サ	ラ	ン	ダ	ト	キ	活	物	オ	エ	リ
シ	法	撮	リ	編	れ	ン	バ	品	パ	ナ	読	リ	オ	釣	猟
リ	レ	リ	レ	シ	真	ん	味	ジ	ダ	カ	ル	真	ム	シ	絵
狩	シ	編	ャ	写	写	じ	草	ゼ	ル	ブ	園	ダ	ギ	ム	釣
ー	ナ	陶	写	魔	塩	ん	写	真	ダ	み	ミ	ル	ク	ゲ	ャ
レ	モ	真	活	ジ	魔	に	ン	パ	釣	キ	ク	ャ	味	イ	ャ
味	ン	ゼ	活	興	陶	読	み	キ	プ	法	グ	び	ル	ジ	動

アプリコット　　　　　　　玉葱
オオムギ　　　　　　　　　落花生
バジル　　　　　　　　　　サラダ
にんじん　　　　　　　　　スープ
シナモン　　　　　　　　　ほうれん草
ニンニク　　　　　　　　　砂糖
ジュース　　　　　　　　　ツナ
レモン　　　　　　　　　　カブ
ミルク

3 - Measurements

影	園	画	ム	ダ	レ	キ	ダ	ラ	ハ	狩	度	法	リ	レ	法
グ	物	活	動	狩	ダ	ロ	ラ	活	園	法	猟	味	陶	陶	陶
影	ダ	芸	グ	キ	り	メ	み	オ	ン	ス	活	ャ	リ	喜	レ
り	メ	ー	タ	ー	幅	ー	法	品	ル	品	パ	ゲ	ズ	法	み
園	書	活	編	撮	ル	ト	ー	メ	チ	ン	セ	活	動	書	真
狩	ン	び	法	シ	興	ル	ト	ッ	リ	画	み	ム	写	物	リ
プ	絵	魔	法	キ	ム	品	喜	グ	画	パ	釣	味	ダ	ズ	グ
重	さ	シ	編	物	ロ	み	ゼ	エ	品	ー	味	味	活	ク	園
味	長	り	ラ	芸	ン	グ	魔	釣	グ	園	ル	園	パ	グ	法
キ	魔	び	り	イ	園	シ	ラ	ボ	狩	活	び	芸	物	影	書
ー	プ	芸	イ	ト	ン	ム	シ	ム	リ	ハ	高	影	ハ	ル	陶
イ	質	ジ	レ	ン	活	ル	絵	ラ	エ	ュ	さ	真	撮	み	芸
写	量	深	画	品	チ	小	数	グ	ジ	レ	ー	芸	キ	釣	芸
ゼ	編	さ	バ	ズ	ム	分	書	グ	真	動	ジ	ム	ズ	ル	絵
影	画	読	イ	び	び	シ	レ	魔	狩	パ	シ	撮	魔	イ
ラ	撮	法	ト	グ	写	プ	写	陶	読	影	ダ	ン	ジ	リ	芸

バイト	長さ
センチメートル	リットル
小数	質量
深さ	メーター
グラム	オンス
高さ	トン
インチ	ボリューム
キログラム	重さ
キロメートル	

4 - Farm #2

パ書ズ園画納興ハり絵コ陶リムラ味
興ゼ猟ジ写屋狩魔ミツールフいム園喜
影釣喜ム画猟狩エルハンヒ狩飼プハ
び活オ陶狩画ジ写ク書園ア喜羊パハ
影びラー芸ラ品園活興みャ農ン書プ
真トマ野ズチダクみオ書パ写家絵クゲ
ラマラ菜ェャ動ズオ書狩ゼゼ猟園レ
ル味釣クダ品ーャムンゲ釣ラキ編物
読ル写ハタグ書ドギ物ャ陶クパ喜エ
食べ物動編ープ動みン魔編編ズーリ
撮ーズ撮ハハ動釣絵猟クキ真ジ撮物
パ編撮編狩狩動みぜり真ズイゼキ動
編喜法書キパ絵子羊真ラ物プ真灌物
牧草地風車キりラムャ写小麦ゼ漑プ
び興ゲゲゲ撮ン画品ズ絵イリ編ララ
パ味ゼズ活レ読ゲゲクリゼ喜味ムり

動物	ラマ
オオムギ	牧草地
納屋	ミルク
コーン	オーチャード
アヒル	羊飼い
農家	トラクター
食べ物	野菜
フルーツ	小麦
灌漑	風車
子羊	

5 - Books

イ エ 物 リ 釣 び リ ル 写 ー グ 法 歴 品 猟 物
真 プ 芸 ャ パ ク 法 ー 影 詩 園 著 史 グ 発 活
ン 狩 プ リ 小 説 芸 ゼ エ ラ ル 者 的 劇 悲 明
撮 ー ラ 物 画 グ 画 パ 物 ナ イ レ ゼ ゼ ル パ
シ 味 キ 動 狩 ニ 喜 パ 喜 レ 物 動 喜 ズ イ レ
イ ン 絵 ャ 動 重 ス ラ モ ー ユ 編 画 ゼ 影 ダ
エ ピ ッ ク ラ 性 編 陶 真 タ ラ 関 連 す 影 編
ペ ー ジ 品 ラ ク 画 活 ン ー 物 り 画 絵 る 真
冒 険 芸 動 ラ 喜 タ リ 影 ズ パ ン イ 猟 影 み
興 り 読 キ 動 ゼ 読 ー 真 ス パ ゲ ジ 読 ジ ー
影 撮 ル り 真 狩 画 文 ゲ 園 ト 法 動 者 ゼ 釣
撮 り 読 ル プ 真 品 学 陶 み 喜 ー 画 グ 絵 絵
コ レ ク シ ョ ン ャ 活 ゲ 真 ム エ リ レ ゼ ン
ク び 画 動 ャ シ プ 法 ル 書 か れ た ー キ 撮
グ レ パ ク ダ ル イ ダ シ ラ エ 動 キ 影 ジ り
キ リ 絵 び 画 撮 ダ リ ャ イ シ リ ー ズ 写 プ

冒険	ナレーター
著者	小説
キャラクター	ページ
コレクション	読者
二重性	関連する
エピック	シリーズ
歴史的	ストーリー
ユーモラス	悲劇的
発明	書かれた
文学	

6 - Meditation

```
感 ジ 猟 り 興 ン 興 動 園 レ 味 ク 味 イ 読 り
ル 謝 画 釣 明 快 園 沈 園 写 グ パ ズ り ャ レ
ゼ 喜 喜 狩 ハ リ 味 黙 ャ ャ 釣 ャ 写 活 物
ゼ メ ン タ ル 書 陶 ク 味 猟 画 猟 動 り リ ジ
芸 味 ム 法 狩 エ 動 書 動 レ び キ 物 や 物 リ
び シ び イ ダ 絵 園 陶 グ 書 真 ー 物 い プ ゲ
ー 撮 編 音 喜 喜 ゼ 真 狩 魔 ン 動 親 思 び ク
ゼ エ ル 楽 物 イ レ 法 狩 法 魔 真 切 リ 考 喜
園 ン 真 真 ズ 興 び 真 グ キ 習 慣 み 喜 喜 学
リ ン び 注 エ ー エ マ イ ン ド ル ハ 陶 ン ぶ
キ 芸 書 意 観 察 ク 猟 呼 吸 ル 平 和 画 陶 た
び ル ゼ 魔 魔 写 読 シ 物 ゼ シ 撮 陶 ー 喜 め
法 法 受 物 法 興 釣 み ャ 園 シ 活 画 レ ラ に
味 自 然 け ー ル 物 リ 真 感 書 喜 ゲ 猟 ン 釣
プ ジ ル エ 入 ハ ク 真 園 情 釣 ー 書 シ 品 ズ
グ び ジ 園 魔 れ 動 き パ ー ス ペ ク テ ィ ブ
```

受け入れ	マインド
注意	動き
呼吸	音楽
明快	自然
思いやり	観察
感情	平和
感謝	パースペクティブ
習慣	沈黙
親切	思考
メンタル	学ぶために

7 - Days and Months

エ	リ	魔	陶	ン	ム	レ	ダ	レ	ラ	キ	イ	編	イ	編	釣
グ	動	ゲ	編	ー	シ	編	影	金	曜	日	影	法	プ	ゲ	ル
ダ	リ	ン	キ	み	み	ラ	パ	法	プ	曜	グ	り	喜	興	ジ
キ	ジ	パ	動	週	び	芸	書	ラ	レ	月	釣	絵	リ	イ	ル
ム	狩	グ	釣	ー	ム	活	ラ	園	ク	ル	レ	猟	魔	リ	ャ
ダ	み	影	リ	写	芸	び	ャ	味	真	ゲ	ゼ	編	影	読	魔
水	編	ラ	釣	絵	木	活	動	狩	プ	レ	ン	ダ	ル	芸
曜	シ	写	り	動	曜	味	セ	リ	ャ	十	一	月	六	陶	エ
日	味	エ	品	魔	日	エ	影	プ	魔	ー	キ	二	動	狩	魔
五	月	ン	グ	キ	味	七	ー	イ	テ	ダ	釣	キ	品	ン	法
ー	ジ	ラ	ラ	リ	釣	動	月	エ	活	ン	ラ	活	画	影	狩
動	喜	ャ	動	日	ズ	グ	パ	キ	み	レ	バ	絵	ジ	影	書
火	エ	品	ラ	曜	影	猟	読	動	編	カ	芸	ー	物	年	グ
行	曜	画	シ	日	味	レ	動	ャ	イ	リ	ー	び	動	真	土
進	釣	日	シ	品	リ	釣	ジ	喜	リ	ム	エ	動	八	月	曜
ン	ズ	ャ	品	物	喜	真	書	ル	ダ	び	ー	ジ	撮	シ	日

エイプリル	月曜日
八月	十一月
カレンダー	土曜日
二月	セプテンバー
金曜日	日曜日
七月	木曜日
六月	火曜日
行進	水曜日
五月	

8 - Energy

```
芸 陶 写 釣 レ 影 影 レ キ ジ ル び 興 キ 法 品
グ 興 ダ 興 シ 狩 再 画 ズ 陶 み ン 影 活 ル 熱
絵 動 ハ り ハ ゲ 生 釣 レ 編 芸 物 ゼ ハ ン ク
ー タ ー モ 風 動 可 り 味 ャ キ 汚 染 プ 園 パ
真 ー 芸 環 境 燃 能 真 光 猟 ズ 陶 キ 画 ゼ レ
品 ビ ラ ズ ハ 品 料 絵 子 電 ー 書 画 ラ キ 書
シ ン デ ィ ー ゼ ル 動 レ ル プ シ ジ 写 ラ 撮
り 品 画 陶 絵 ズ 狩 猟 興 興 レ イ 品 芸 陶 法
プ ズ 撮 陶 狩 狩 影 パ リ 画 ル ク 動 び ャ り
魔 狩 水 素 エ エ 絵 法 真 キ ゼ 味 興 シ 猟 レ
ゲ パ ズ 狩 ン ン 撮 興 陶 影 ク び ゲ ル 狩 ル
業 界 ダ ク ジ ト ク 猟 イ 画 ガ ハ り 喜 撮 興
味 書 キ ズ ン ロ シ 絵 ダ ク 品 ソ 味 ン ズ 狩
シ み 絵 ゲ ー ピ び 陶 喜 ダ ズ ズ リ 活 編 活
び 喜 エ 活 動 ー 炭 ン 池 電 気 ラ シ ン 物 ン
リ 真 芸 プ 読 シ ム 素 プ 陶 み 核 シ ル 活 ン
```

電池   ガソリン
炭素   水素
ディーゼル   業界
電気   モーター
電子   光子
エンジン   汚染
エントロピー   再生可能
環境   タービン
燃料

9 - Chess

興	品	物	ク	ハ	キ	レ	画	物	プ	活	グ	レ	キ	犠	品
陶	狩	編	魔	撮	絵	リ	活	ダ	レ	ト	ス	テ	ン	コ	牲
陶	狩	物	ク	絵	イ	ン	書	撮	ー	ン	エ	活	グ	グ	ャ
味	ル	ー	ム	ジ	撮	編	物	喜	ヤ	メ	シ	狩	真	ー	読
プ	ャ	釣	ゲ	ー	ム	読	学	イ	ー	ナ	ポ	狩	釣	ャ	陶
ハ	イ	対	角	ハ	エ	ジ	ぶ	絵	グ	ー	イ	ン	物	ラ	ャ
ラ	法	釣	ハ	キ	品	興	た	法	ー	ト	ン	品	陶	シ	ゲ
み	戦	略	ク	パ	猟	釣	め	レ	時	間	ト	び	喜	イ	撮
課	題	チ	リ	リ	品	レ	に	書	書	編	芸	ル	影	釣	リ
猟	び	ル	ャ	パ	シ	ラ	魔	真	ラ	釣	品	ン	魔	魔	パ
び	び	ゼ	芸	ン	釣	み	書	ー	興	ズ	女	ジ	レ	撮	パ
動	グ	猟	動	ジ	ピ	相	手	パ	編	動	王	賢	レ	猟	ー
ル	芸	画	喜	絵	真	オ	プ	ク	ッ	ラ	ブ	い	白	ラ	り
ャ	真	ー	読	魔	ゼ	ハ	ン	み	猟	シ	ハ	ク	魔	園	読
ル	ー	ル	書	書	活	真	キ	動	ン	び	ブ	ダ	ム	法	釣
陶	ズ	プ	画	撮	撮	絵	り	画	ン	写	園	パ	キ	ダ	ク

ブラック	プレーヤー
課題	ポイント
チャンピオン	女王
賢い	ルール
コンテスト	犠牲
対角	戦略
ゲーム	時間
キング	学ぶために
相手	トーナメント
パッシブ	白い

10 - Archeology

ゼ	ャ	真	み	エ	ン	法	法	ン	猟	写	ミ	画	リ	ゃ	園
ム	レ	エ	ム	読	グ	園	イ	絵	魔	み	ル	ス	イ	味	り
ズ	プ	味	動	シ	書	動	ー	猟	ダ	狩	シ	猟	テ	影	動
エ	ク	び	グ	キ	法	品	ム	法	り	魔	法	ャ	リ	リ	魔
子	孫	ダ	ダ	陶	喜	魔	ジ	陶	器	エ	書	ズ	興	ー	ー
グ	真	芸	猟	動	書	法	魔	狩	レ	キ	エ	狩	絵	絵	撮
墓	ル	教	授	撮	魔	グ	ク	ハ	調	パ	ゼ	ダ	ン	絵	芸
狩	ゼ	キ	ク	喜	真	ハ	興	ダ	査	品	グ	写	活	狩	興
キ	エ	動	専	画	陶	ラ	ズ	ゲ	結	エ	不	明	ダ	骨	ダ
園	ズ	読	門	芸	シ	研	リ	グ	果	興	品	猟	み	ャ	ハ
真	釣	品	家	み	絵	究	興	書	グ	編	リ	喜	パ	品	ハ
オ	ブ	ジ	ェ	ク	ト	者	み	ダ	レ	絵	読	撮	物	遺	ム
物	ジ	時	代	キ	ラ	ゲ	分	析	猟	編	グ	動	編	物	ン
魔	評	価	ク	ル	影	ゲ	法	画	寺	文	忘	れ	ら	れ	た
り	チ	ー	ム	ク	ズ	書	ン	ー	動	編	明	真	釣	魔	喜
絵	ー	ズ	化	石	ム	写	ジ	興	真	芸	猟	真	釣	書	釣

分析	ミステリー
文明	オブジェクト
子孫	陶器
時代	教授
評価	遺物
専門家	研究者
調査結果	チーム
忘れられた	不明
化石	

11 - Food #2

```
ブ ジ ダ 喜 ン 陶 釣 法 芸 味 リ パ み 写 法 真
ロ 魔 魔 プ ゲ 編 影 真 興 園 書 ル エ 読 ア ズ
ッ 品 リ 活 み 小 麦 影 品 釣 チ ェ リ ー ッ 釣
コ ノ キ チ ョ ー グ ル ト プ び ル 活 ゼ プ 読
リ 撮 シ ー ン ラ セ ロ リ び ク 動 動 写 ル ゼ
ー ジ ズ ズ ル 真 イ エ グ プ 影 魚 ゲ り 活 び
ゼ リ 猟 狩 ム 茄 編 り 狩 編 影 パ 撮 陶 パ 書
園 書 び 芸 ダ 動 子 リ 書 ー み ズ リ 物 影 シ
ク 画 レ 撮 狩 ン 動 ム チ ョ コ レ ー ト み 画
ー 葡 萄 編 ハ み ン ャ 動 ゼ 釣 ム ー 撮 ル 味
ョ 芸 喜 影 ャ 活 プ 読 ハ ム 味 卵 レ 撮 画 釣
チ ン グ 活 写 真 読 活 バ ナ ナ ム 陶 魔 び 味
ィ キ ズ ズ り 物 レ レ ダ 動 ム 品 狩 ラ 絵 動
テ 活 ン シ 絵 エ ラ 絵 キ ズ び ゼ 喜 ク レ 魔
ー 狩 真 編 園 編 ゼ 釣 ウ シ エ パ ゲ リ 活 編
ア ト マ ト 絵 書 書 パ イ ャ キ 写 読 喜 米 写
```

アップル	茄子
アーティチョーク	葡萄
バナナ	ハム
ブロッコリー	キウイ
セロリ	キノコ
チーズ	トマト
チェリー	小麦
チキン	ヨーグルト
チョコレート	

12 - Chemistry

レズ酵素炭ル画キ絵ゲゲ芸法味ゼク
ハゼ味塩ダ芸陶釣ーグ釣法び動撮ル
エ釣味リ芸びみキー活水ダ味狩芸釣
リ猟ラ猟狩ゼ活液ゼ魔猟素ダルーレ
シ読動書狩陶ル体芸物ズ芸ルラ芸品
リ法パエゼーエルレり読芸り読興リ
リ品猟ン陶品レ活動ハ影書プり核レ
キル喜画パ園写ムシ重塩熱キ活猟魔
有物触クレ釣ャ書シさ絵興キ撮キ
パ機媒芸レレグ影釣写パり味品分子
絵みシズアルカリ性シ動プ撮ク猟電
キび興ズ品キリレび写リ影物み影絵
びグエ書撮画ャャハ活びグ動ラゼ
ャ園プ喜インガイ物シ喜グ味び釣読
酸素ク写ンオスアトミック温レシル
レキ写ム真イン酸狩パキプ度ー影撮

アルカリ性	水素
アトミック	イオン
炭素	液体
触媒	分子
塩素	有機
電子	酸素
酵素	温度
ガス	重さ

13 - Music

撮 ン 品 音 ル 真 ク 味 り ド コ ー ダ ラ 品 ハ
ル 喜 影 楽 喜 ゼ エ 写 猟 ラ ィ デ ロ メ ー
絵 ク ミ 家 ゲ 画 び シ ゼ キ ラ ラ 喜 真 プ モ
味 ラ ュ 調 和 パ リ プ ゲ ゲ ス 動 バ び ジ ニ
読 シ ー 絵 ル ゼ ジ ャ 楽 イ パ 撮 動 り 狩 ッ
編 ッ ジ 芸 ャ 喜 編 器 ャ 味 ゼ 猟 編 ジ ク
ン ク カ 狩 園 リ 絵 詩 的 猟 猟 ク 園 ン レ イ
折 り ル び ゲ ャ 真 び エ ゲ 影 狩 画 ゼ 編 マ
衷 喜 キ 編 び ク り 魔 狩 芸 釣 読 芸 写 叙 味
芸 り レ ゲ キ イ 撮 ズ 釣 興 狩 ー 画 び 情 芸
ア 影 芸 イ 猟 ル 録 音 芸 魔 ラ 絵 活 ャ 的 興
陶 ル 芸 み イ 書 動 ゲ 動 活 エ 陶 魔 う 物 喜
リ 影 バ キ ボ ム 魔 魔 パ り ハ プ 興 歌 写 ズ
ム み ー ム ー 書 ゲ ク オ ラ ジ 画 撮 手 キ み
リ ズ ム ゲ カ 園 喜 陶 ペ レ 動 喜 書 ャ ダ ズ
書 ゲ 園 猟 ル 法 ズ 影 ラ イ ラ ダ 品 ク 味 画

アルバム	マイク
バラード	ミュージカル
コーラス	音楽家
クラシック	オペラ
折衷	詩的
ハーモニック	録音
調和	リズム
楽器	歌う
叙情的	歌手
メロディー	ボーカル

14 - Family

```
ル書物撮書物真先祖写ズ書陶ゲダ撮
キダ園ゲパキゲ品父喜味キジラ写レ
兄ン父ズシ猟読編シ子猟狩グダ娘撮
弟法子方グ魔ルズ撮供物魔プ真ハー
り陶供画の陶ャ画ゲの甥魔動プ撮ャ
書ル妻ゲダび撮姉リ頃姪キ子供達魔
り画ラ芸魔品ズ妹ハ興園狩読芸撮
夫ズプ園撮ラレ真ゃこ編味物クゼ
狩ーパ父ム喜ム母い活撮ゼ猟興
猟シラ法園魔活写性真撮ム品プ動
レ芸猟レ絵ダイキ叔物写ゼ猟りプ
プリグ興ム影読グ陶ジム工芸プゼ
シ画狩母ゲ釣ハプ叔ジン釣クプレ
パ物釣グレ狩リ父喜りキ写味喜編
みャ陶陶活ル孫魔絵び釣ー法真リ
ャ園ーイプ撮ジ真味ゼエ真芸狩品
                  み物絵ジパ芸ゼキキラ
                    釣真動魔ラ
```

祖先　　　　　　　　いとこ
叔母　　　　　　　　祖父
兄弟　　　　　　　　母性
子供　　　　　　　　父方の
子供の頃　　　　　　姉妹
子供達　　　　　　　叔父

15 - Farm #1

り	釣	撮	釣	ャ	編	り	キ	ゲ	シ	ム	画	釣	品	レ	ヘ
写	喜	ハ	キ	リ	プ	キ	撮	ム	興	ン	ム	物	品	画	イ
品	法	馬	び	ハ	品	り	物	キ	パ	味	味	リ	物	ク	種
ふ	く	ら	は	ぎ	農	業	興	ゼ	ダ	猟	チ	キ	ン	ヤ	子
リ	び	陶	ゼ	ャ	ラ	猟	グ	編	園	喜	ゼ	エ	ソ	真	ギ
ル	法	動	写	ル	読	活	り	芸	撮	物	物	イ	イ	品	興
喜	ル	味	ル	読	ド	法	ハ	物	品	レ	ル	ラ	バ	リ	影
エ	グ	パ	ゲ	影	ル	ャ	リ	リ	喜	プ	ゲ	狩	ロ	魔	絵
園	イ	編	編	グ	ー	影	真	編	り	カ	ラ	ス	プ	り	ン
興	ャ	ズ	陶	活	ィ	ラ	ャ	編	蜂	ク	興	真	シ	絵	プ
物	ル	ン	園	物	フ	ェ	ン	ス	蜜	狩	活	撮	猫	品	影
キ	牛	ム	画	エ	キ	絵	ク	写	動	絵	ジ	ズ	ャ	絵	プ
ム	園	ン	画	読	写	り	ズ	陶	犬	ダ	ズ	イ	書	物	ズ
ン	撮	水	米	読	ャ	ャ	絵	釣	書	興	ゲ	編	肥	動	ダ
活	編	写	喜	狩	グ	品	ャ	書	キ	り	ャ	影	味	料	み
ク	品	シ	キ	芸	品	物	ル	ラ	活	レ	猟	ン	興	魔	園

農業　　　　　　　　　　　　肥料
バイソン　　　　　　　　　　フィールド
ふくらはぎ　　　　　　　　　ヤギ
チキン　　　　　　　　　　　ヘイ
カラス　　　　　　　　　　　蜂蜜
ロバ　　　　　　　　　　　　種子
フェンス

16 - Camping

ル	味	ハ	ラ	画	キ	写	活	プ	園	ゲ	エ	び	ハ	猟	ク
芸	釣	魔	猟	撮	影	動	ン	動	絵	ダ	猟	ト	ン	テ	書
ジ	ム	ズ	パ	パ	魔	書	ゲ	ラ	絵	リ	編	魔	モ	写	法
活	ャ	ジ	び	ラ	絵	ジ	び	影	キ	ル	み	ズ	ッ	ハ	ム
り	猟	ジ	喜	イ	影	編	味	ム	エ	み	法	ダ	ク	魔	写
ラ	昆	陶	自	然	ャ	冒	園	ン	ラ	キ	イ	味	ロ	魔	プ
グ	虫	活	み	ン	喜	ラ	険	ン	ャ	書	レ	ム	猟	書	パ
り	読	興	レ	グ	狩	魔	ハ	動	園	エ	キ	ン	撮	猟	興
ゲ	イ	シ	動	プ	猟	み	動	ハ	ダ	狩	真	ハ	ン	興	真
魔	釣	グ	動	り	月	喜	興	物	魔	園	び	び	ン	シ	魔
ム	キ	画	ダ	魔	レ	ジ	エ	火	木	陶	イ	び	釣	読	絵
キ	ル	ズ	み	リ	り	影	書	喜	地	キ	狩	画	ゼ	写	キ
キ	ャ	ビ	ン	森	イ	シ	山	帽	子	図	湖	コ	ン	パ	ス
活	ゲ	喜	ル	園	動	エ	興	読	陶	狩	陶	パ	シ	動	書
び	レ	味	ラ	グ	エ	リ	ズ	狩	グ	魔	影	リ	ジ	書	陶
写	品	喜	ク	楽	し	い	プ	カ	ヌ	ー	び	絵	パ	画	ャ

冒険	帽子
動物	狩猟
キャビン	昆虫
カヌー	地図
コンパス	自然
楽しい	ロープ
ハンモック	テント

17 - Conservation

活キ生動懸念プ編興真真ゼル陶書法
真り態猟ジり持ャムク影陶陶びル緑
絵ク系狩魔興続陶クン写ラ芸影魔品
びダク絵キジ可サびレク法グび魔シ
品グ書読ゲ絵能パイ有機影釣汚園園
ゼラ物動ーりズ削減ク絵ル物影染喜
興ン品ャャゼびム環境ルクイサリ絵
味真ボ読狩キグ猟ラ園ラ動リジ釣ャ
法シラ農薬み魔ーハ陶ュ生影狩興
狩びンプジ撮影興活写チ息水味ダ絵
ジりティキハ真興編パエナ地ダ活物パ
みムィ興クみ撮ャ狩ラ魔気候狩ーム
法釣ア狩ジ物物狩物ラゲり活イ釣陶
魔り化学薬品ダ喜物教育喜品ハ活キ
エ撮芸シ法画ジキムズグ園レ法狩陶
グジキエラプ興健康リパ絵ハ絵喜物

化学薬品	ナチュラル
気候	有機
懸念	農薬
サイクル	汚染
生態系	リサイクル
教育	削減
環境	持続可能
生息地	ボランティア
健康	

18 - Algebra

絵読品パイイ陶物マ法興キパ興法絵
園ゼハ影芸キ狩ゼ釣ト偽動喜撮編絵
ゼロキ狩魔書み画狩画リ絵影クグり
影パシ品味真絵シ影ン狩ッグ活ラ興
ダ書リ喜魔問画魔読レキイク書フラ
ラダ写ゲ魔題び単ズり魔撮ンス編キ
ン釣書因子線形純分ラゼ園書ャ興み
影読陶番解決釣化数画ルシエ影レ影
写活キ喜号び狩芸指エジ芸ズグレ無
方レムク魔ャキ活読興画ラ狩味量限
程編エイ園物ーリりハグルエエリ影
式読ル園リ魔み写ゲ読魔プ写レ読シ
ープムりリク撮シレ編ゲり品レンプ猟
読陶シ活ジり図活びラ括パズみ減影
変数猟魔ム式ハエ書撮びび弧読ゼ算喜
陶法びイゲグ味シ影芸ダレール魔キ

方程式	番号
指数	括弧
因子	問題
分数	単純化
グラフ	解決
無限	減算
線形	変数
マトリックス	ゼロ

19 - Numbers

動芸釣ャズ影クム十三陶物イびジ画
狩プ狩撮ズ品ハ興ハエールーキ園真
ャ魔編法キ影写ジび写ズ撮写影園編
陶エ味ハルラグ活画ャみ活物クイ撮
喜ハシり味動影撮パゼズり真読プ味
法プ十絵真芸二十み編喜びジパレ編
影陶三法ハラキー猟猟ル興園イ絵ル
ンク釣びク動園ン猟り画レシ読猟興
書品品シャズダー読喜パ影キエシ品
ム四真読法画ズィゲ動ジ興園絵一真
ム十十パ狩活ゼテラ釣エニ十品レ動
読ャ六味六セブン小クダゼ品九ニダ
プ五ゲルムグ影ブ魔数ジエジ撮写エ
十ルエイ活ゲ動セ九品りエジ品みゲジ
び喜びャハ味品猟シ十ハ味猟品シム
ムプ物狩読ズ動読ン五ラ読ラ活リ品

小数　　　　　　　　　セブンティーン
十八　　　　　　　　　十六
十五　　　　　　　　　十三
十四　　　　　　　　　十二
十九　　　　　　　　　二十
セブン

20 - Spices

パ	園	グ	書	真	魔	喜	興	画	ム	ジ	玉	活	編	品	り
活	絵	ア	ー	び	撮	塩	パ	プ	リ	カ	葱	シ	ナ	モ	ン
園	ク	ニ	ン	ニ	猟	ラ	パ	物	プ	イ	絵	み	書	編	書
真	狩	ス	モ	り	ダ	パ	法	猟	画	ム	喜	編	園	キ	ダ	物
り	編	ャ	ダ	ダ	法	ム	味	読	ム	園	イ	狩	ー	魔	品
甘	い	プ	ル	ダ	喜	パ	画	釣	ン	読	ン	ム	ダ	フ	絵
猟	ク	ル	カ	ャ	書	魔	ゼ	び	読	ジ	ー	グ	エ	フ	ハ
ズ	ン	リ	喜	ダ	フ	苦	プ	キ	芸	ナ	絵	レ	ジ	ヌ	シ
編	り	ダ	法	ク	ェ	い	ズ	イ	写	キ	ツ	書	興	グ	ゲ
編	パ	ム	パ	ゲ	ン	編	ジ	編	絵	釣	イ	メ	活	リ	ク
ゲ	芸	プ	魔	ゲ	ネ	ゲ	り	猟	絵	ン	写	レ	グ	ー	グ
サ	魔	味	パ	猟	ル	ショ	ウ	ガ	ブ	ー	ロ	ク	ク	ム
リ	フ	ジ	ジ	グ	ハ	撮	ダ	パ	陶	ゼ	レ	ン	ミ	物	シ
ル	ダ	ラ	ニ	バ	画	絵	画	ゲ	ン	真	カ	ジ	ン	品	ズ
ズ	ー	ダ	ン	ア	リ	コ	味	真	絵	シ	ャ	書	ン	画	品
リ	味	ハ	ム	キ	撮	園	ハ	興	エ	ゲ	園	ン	ル	ズ	園

アニス	フェヌグリーク
苦い	ニンニク
カルダモン	ショウガ
シナモン	ナツメグ
クローブ	玉葱
コリアンダー	パプリカ
クミン	サフラン
カレー	甘い
フェンネル	バニラ

21 - Universe

り	ゲ	動	編	喜	パ	画	ズ	陶	半	太	魔	魔	ャ	書	味
ハ	法	園	ゼ	ラ	絵	ゼ	ラ	ー	球	陽	地	読	シ	エ	興
書	興	活	ク	イ	ハ	プ	影	ャ	ー	物	ジ	平	ズ	イ	芸
ゲ	ゼ	ハ	ラ	品	陶	ジ	ジ	レ	シ	真	写	者	線	り	ム
ク	陶	天	り	ジ	ム	喜	園	プ	絵	天	文	学	品	画	喜
真	ゲ	り	体	び	小	ハ	ン	シ	パ	法	ー	文	味	釣	ゼ
ム	り	読	緯	度	惑	イ	真	写	画	び	ハ	天	軌	ン	品
コ	ズ	ミ	ッ	ク	星	釣	ゼ	味	法	喜	品	ー	道	品	釣
イ	ハ	釣	り	ッ	影	ズ	魔	月	目	猟	猟	真	魔	法	活
魔	活	興	興	ア	画	リ	味	ゼ	に	ゼ	ゲ	シ	プ	編	ハ
ジ	ジ	キ	狩	ィ	活	り	ゼ	物	見	ラ	動	レ	法	読	ャ
ダ	ー	画	興	デ	物	釣	ム	興	え	り	味	ハ	写	り
狩	ャ	キ	品	ゾ	グ	望	遠	鏡	る	至	点	闇	狩	雰	動
ル	イ	釣	ジ	ー	活	キ	キ	狩	書	動	空	キ	イ	囲	喜
法	法	影	物	グ	動	プ	狩	影	ラ	魔	ジ	写	陶	気	赤
読	ゼ	ハ	ハ	狩	動	ム	リ	ハ	ル	ダ	グ	銀	河	り	道

小惑星   地平線
天文学者   緯度
天文学   軌道
雰囲気   太陽
天体   至点
コズミック   望遠鏡
赤道   目に見える
銀河   ゾディアック
半球

22 - Mammals

ン	撮	画	リ	ゼ	プ	書	パ	り	園	ク	品	ラ	書	編	ズ
狐	猟	ル	読	猟	撮	絵	絵	ン	ラ	ー	真	パ	び	園	猟
味	エ	ク	鯨	猟	う	さ	ぎ	パ	狩	書	ラ	パ	陶	興	動
シ	マ	ウ	マ	法	編	読	び	び	ム	レ	ビ	ー	バ	ー	ー
象	書	活	喜	影	イ	ン	レ	ク	絵	ハ	ャ	ル	動	リ	書
興	ブ	動	ゼ	狩	画	ハ	み	リ	キ	ゲ	グ	ガ	法	活	物
カ	ル	イ	キ	み	リ	興	ダ	動	み	興	園	ン	オ	イ	ラ
ダ	キ	キ	真	ズ	ラ	猿	馬	犬	釣	狩	ャ	カ	猟	ン	真
キ	リ	狼	ル	パ	ム	絵	エ	喜	ゼ	ク	興	味	喜	ャ	動
書	ン	プ	猟	ジ	び	読	園	活	法	影	ハ	ラ	物	ジ	法
魔	グ	び	み	コ	り	編	猫	品	真	レ	び	キ	グ	物	編
書	写	グ	絵	パ	ヨ	キ	ゴ	リ	ラ	エ	羊	ク	猟	法	ダ
ム	キ	ダ	キ	ラ	写	ー	魔	品	ー	ー	ダ	画	シ	喜	味
写	ハ	読	喜	影	法	び	テ	味	撮	ャ	陶	り	真	み	興
絵	喜	芸	ー	リ	興	ゼ	画	法	プ	狩	ャ	シ	エ	画	動
動	読	ゲ	ー	喜	ン	画	読	レ	物	み	猟	ゼ	熊	び	ハ

ビーバー	ゴリラ
ブル	カンガルー
コヨーテ	ライオン
イルカ	うさぎ
キリン	シマウマ

23 - Bees

園びレャゲゲパ書ム植プ釣写昆興群
法味キ画魔シ書ラグ物ベ食リ虫びれ
芸一園パ法読法シり読エ真ン猟び読
陶ゼ編興プ活画びャ花有シグ喜ルキ
レプル影書クラ活グ猟興益キイレ興
喜ク女王シパム影ラ真猟写芸絵物撮
イ法ズ園シゲキルーみズラプ真キゼ
キジン一釣グ動ク編り魔園ハキ影り
ハグ太ズパ法画エフルーツ蜂釣イリ
法画陽ゼハ絵シ画猟法みワ蜜レダ興
芸魔ルズラ写巣絵猟釣生喜ッみみ花
ズ読シム園イ箱庭パリム態魔クー粉
ゼ煙生プ魔園写ラハダ真工系喜ス画
品影息花粉媒介者ハ多様性シ物撮猟
ム書地狩ルパム狩プ釣陶撮釣プ編釣
読翼撮ゲゲク味読レパムキ品動レ物

有益	昆虫
多様性	植物
生態系	花粉
食べ物	花粉媒介者
フルーツ	女王
生息地	太陽
巣箱	群れ
蜂蜜	ワックス

24 - Weather

ダ	リ	猟	狩	釣	品	エ	グ	編	動	キ	ム	釣	ャ	読	エ
ゲ	真	物	魔	イ	氷	空	釣	芸	グ	味	編	画	ン	ハ	パ
ク	品	ダ	法	ゲ	ン	シ	ャ	ル	グ	陶	活	ゲ	レ	喜	
び	ゼ	法	狩	霧	ダ	レ	パ	魔	動	リ	竜	影	ダ	ラ	影
ト	編	ン	ズ	囲	写	ャ	そ	よ	風	ズ	巻	陶	法	喜	物
モ	ロ	ン	候	気	ャ	法	写	稲	妻	ム	り	グ	ズ	画	写
ン	写	ピ	写	狩	ク	ジ	園	ム	ジ	雲	ジ	ム	み	読	釣
ス	旱	魃	カ	ゲ	ム	エ	釣	ゲ	シ	真	絵	エ	品	ャ	ム
ー	芸	リ	陶	ル	嵐	虹	グ	撮	雷	絵	リ	編	シ	パ	
ン	法	読	プ	ハ	リ	ケ	ー	ン	写	味	極	み	動	イ	活
ダ	喜	ー	ー	品	活	ラ	魔	ク	キ	編	性	味	霧	園	ジ
猟	狩	シ	ー	ル	写	魔	ム	キ	グ	み	編	園	品	み	ダ
プ	陶	喜	キ	芸	ム	ジ	喜	ャ	真	ド	ラ	イ	写	ゲ	物
品	み	ゲ	釣	釣	絵	グ	温	度	グ	ダ	エ	真	ハ	ズ	撮
ン	び	絵	法	影	ャ	撮	ラ	ハ	真	ゲ	猟	プ	ズ	狩	釣
芸	ゼ	ゲ	喜	ズ	写	ダ	グ	プ	編	釣	ラ	読	ク	キ	絵

雰囲気　　　　　　　　　稲妻
そよ風　　　　　　　　　モンスーン
気候　　　　　　　　　　極性
旱魃　　　　　　　　　　温度
ドライ　　　　　　　　　竜巻
ハリケーン　　　　　　　トロピカル

25 - Adventure

```
芸ナチ動シゲハ品法編味困ゲ品釣ズ
ャビャ写法み課ゲ写ャラシ難写興キ
ハゲン準喜読題ゲ編キダゼり真ルル
画ース備真活動ズ活パプり芸物ジ珍
ャシ真狩撮びりエ芸熱意書ゲ影グし
行ョ活ハ撮ダゼゼ釣美しさ物ムい
きンパ撮影ルレキ陶陶イー興喜真エ
先ル影シ新着書パ陶び物プイ真狩グ
ジ陶動芸り芸真読画読ダ猟プ動喜読
イ影ダ遠画物ムシ活狩狩みグ絵狩
ルハび足編活ハエ品撮活り品ル動猟
真プ動絵画絵味影画グ書活ャ機魔
危安全性エ魔勇喜活猟ーキり味喜会
味険グ物自猟気び旅程絵釣エムゼ魔
真ゲな編然レク喜園魔プ釣プ園ンム
陶パ絵友達エイ画ハイジグエ狩ンキ
```

活動　　　　　　　　　友達
美しさ　　　　　　　　旅程
勇気　　　　　　　　　喜び
課題　　　　　　　　　自然
チャンス　　　　　　　ナビゲーション
危険な　　　　　　　　新着
行き先　　　　　　　　機会
困難　　　　　　　　　準備
熱意　　　　　　　　　安全性
遠足　　　　　　　　　珍しい

26 - Restaurant #2

読書ゲ陶イラー美ス法ハールグ飲ン
猟喜猟シ猟ムク味パズ興ダ味ジ料ー
サ味陶陶ツチ釣しイズシル編イ喜イ
ララスプーンンいス塩編書ャキ狩ケ
ジキダ椅ルラジ活写クゲ釣エジ撮ー
ハ画パ子フみャ狩品編陶興法ハレキ
動ゼキり園パャ影氷イ喜読み撮味イ
エクレャ釣影活プジハ活ン写物リラ
ク法動プク写書活書一編クゼ書リ活
ーフォークラ喜ー水芸書レ陶パ動読
猟読園スタ撮園ダ魚野興パリ読真卵
編写麺釣ライ絵真撮菜喜動ダ絵ハ画
陶書ダ影動ハェ編品ラパ狩陶みジ芸
影味ャゼプジ狩ウャダシズハ動ゼ
画喜味画ジ猟ゼ写喜編園編物タ読パ
パ陶陶レ活編陶画釣ャ画ズ芸食物び

飲料	ランチ
ケーキ	サラダ
椅子	スープ
美味しい	スパイス
夕食	スプーン
フォーク	野菜
フルーツ	ウェイター

27 - Geology

魔	ダ	ハ	レ	読	絵	芸	イ	書	溶	プ	び	び	地	動	ル
キ	キ	ゲ	レ	ゼ	活	絵	法	び	ジ	岩	洞	窟	震	ジ	魔
間	欠	泉	ズ	ダ	園	写	絵	み	サ	読	猟	プ	真	真	パ
絵	イ	レ	層	レ	絵	り	ル	芸	イ	パ	品	画	絵	イ	読
り	み	狩	大	ク	ハ	び	ゼ	グ	ク	び	ラ	キ	ダ	狩	グ
書	レ	鍾	陸	撮	ゲ	ム	ウ	シ	ル	カ	ゲ	味	リ	レ	イ
ャ	ゼ	石	乳	編	真	猟	喜	法	編	真	釣	喜	魔	ー	活
芸	ー	リ	英	石	ズ	ハ	ジ	法	編	猟	ル	ジ	シ	グ	猟
ム	ー	リ	ラ	ー	プ	園	ク	読	ャ	編	猟	エ	イ	火	ー
リ	法	法	レ	物	ジ	ゼ	ハ	絵	み	ゼ	喜	み	み	山	法
プ	シ	み	品	エ	園	ム	パ	り	ダ	法	エ	猟	ズ	ゲ	リ
狩	ダ	結	晶	塩	品	高	編	シ	ク	法	写	ズ	園	ラ	コ
釣	イ	ー	ー	パ	狩	原	ミ	シ	ラ	り	リ	ク	グ	ラ	ー
レ	び	ー	園	書	化	石	ネ	イ	編	み	侵	食	ー	ジ	ラ
物	物	ム	活	イ	芸	レ	ラ	パ	ー	喜	イ	ャ	イ	ラ	ル
読	パ	真	シ	読	活	ゼ	ル	猟	ク	グ	酸	リ	イ	魔	釣

カルシウム	化石
洞窟	間欠泉
大陸	溶岩
コーラル	ミネラル
結晶	高原
サイクル	石英
地震	鍾乳石
侵食	火山

28 - House

ほ	ゲ	味	活	ム	り	絵	ラ	園	屋	根	陶	み	窓	ム	興
う	読	ン	喜	シ	真	び	喜	ン	シ	ラ	陶	狩	影	編	写
き	編	リ	ゲ	味	真	ズ	釣	ー	プ	ャ	真	パ	ゲ	芸	プ
み	キ	シ	キ	ッ	チ	ン	屋	根	裏	書	パ	ダ	レ	り	ル
み	パ	味	レ	ジ	キ	影	読	撮	味	絵	喜	真	ャ	魔	パ
味	ダ	み	活	キ	ハ	イ	図	書	館	法	画	家	画	読	読
編	リ	り	陶	ダ	ャ	喜	画	ダ	釣	画	り	具	ゲ	ズ	ン
パ	味	ー	フ	び	ゼ	魔	ャ	ー	活	動	シ	ャ	ワ	ー	り
び	陶	イ	ェ	ズ	部	屋	読	書	芸	ル	ム	壁	び	品	編
物	絵	釣	ン	ラ	庭	ジ	ダ	編	カ	ー	テ	ン	グ	ガ	写
ダ	ゲ	レ	ス	陶	ー	読	書	グ	狩	ジ	釣	ン	リ	レ	釣
法	グ	園	園	鏡	影	陶	狩	興	釣	魔	ゼ	喜	芸	ー	キ
写	絵	興	プ	興	喜	レ	ジ	パ	パ	写	み	動	グ	ジ	魔
ド	ア	書	ダ	書	狩	魔	ハ	法	写	シ	ズ	影	プ	グ	撮
動	ク	暖	炉	芸	物	真	品	レ	ク	興	び	り	ー	絵	パ
イ	画	パ	撮	ル	床	パ	物	ャ	真	み	芸	影	ャ	ク	グ

屋根裏	キー
ほうき	キッチン
カーテン	ランプ
ドア	図書館
フェンス	屋根
暖炉	部屋
家具	シャワー
ガレージ	

29 - Physics

リ魔法グダユゼ影ムゼグプグイル活
影芸法り動ニガスール編真プ化エジ
品陶ク猟パバ読猟周波数ググ学カシ
芸一園リ写ー狩ラ味動喜ダ釣薬工物
ゼ絵写リキサ粒ンリ芸キ園レ品シ動
び釣ムク魔ル影子原編活ゲ書プ法狩
レダン園ハ拡張電リラハ核猟芸品編
ダ芸ゲ活釣活ム興イ陶相ダ絵パレ加
味法物画撮ジりジ編写ャ対絵ク法速
釣魔密エム陶芸狩イジ品活性動書撮
工動度ン狩活イみび分イゲズ理影ハ
レシ速ジジ質法魔リ子魔動写ダ論喜
喜ン味ンハ工量読狩物絵ズ式ルプ物
ャ画法プエダラ影レ真レ品びクレャ
磁気ハル動クシ法リ書芸魔み混沌ル
りプ物真陶動物リ釣味ル味グ動ダム

加速	ガス
原子	磁気
混沌	質量
化学薬品	力学
密度	分子
電子	粒子
エンジン	相対性理論
拡張	ユニバーサル
周波数	速度

30 - Colors

```
真ル狩猟び撮品タ芸味パク園ズジ青
写ゴベージュピンクーー画法りプ赤
狩ジシ喜撮り喜ゼ絵猟レグズズン写
バン法園グン陶マゲ読写芸編読画読
ゼイリ猟レズ喜画物ム釣魔法真味ク
みオ書ーレプみ影読キクシ物ーイ
ハり真レ書キイ茶び撮ゼ真猟芸釣真
狩活緑真ッ園魔色ムム活グリ影芸陶
クリムゾントンル味ジシム陶ラゼ書
真絵ンエアび写エ陶ラグ動猟動シル
ラゼャ白シハ動喜芸ブ書り写ル味陶
オシび芸い影狩プゼブラ写み品みゲャ
レ紺碧びび読ン法ズッ紫釣撮り園リダ
ン物ラ陶レ黄色シクフ影び猟編ンク
ジキ書芸プグ活ピリシ芸ハび味ゼイ
クー動品ャ動ダセ園ラ狩ャダ味イ
```

紺碧	インジゴ
ベージュ	マゼンタ
ブラック	オレンジ
茶色	ピンク
クリムゾン	セピア
シアン	バイオレット
フクシア	白い
グレー	黄色

31 - Scientific Disciplines

キジ猟ャイ興ダ陶書一ハ陶狩りハラ
絵ネゼ絵ャびムダシ撮活書撮プ魔編
活編シ園狩天法ャレグり味パ芸び動
芸芸品オダ文画喜狩魔活活ダハダー
イレ猟動ロ学カ釣び園魔キル影読ャ
真ム猟クダジハダレズ写編イズャ園
味園ダグズグーパ真動びルゼ法みン
ゲ猟喜地質学化生写真グ狩動活ゼ活
撮レルラジ疫態狩撮ゼプ画絵編キパ
神経学物動免理生読魔物エーイレキ
影園キ魔芸ムプャム熱品グパ編グル
ンダ狩シ法イハ絵ラカ解剖学物植撮
ルパ魔言考読ル画レ学物鉱物化狩写
び興読語古クり社会学ハル生キー猟
グダゲ学学法影猟心理学ラ読エリ魔
ム写プ読釣み興品興編画ハび狩ハダ

解剖学	キネシオロジー
考古学	言語学
天文学	力学
生化学	鉱物学
生物学	神経学
植物学	生理
化学	心理学
生態学	社会学
地質学	熱力学
免疫学	動物学

32 - Science

ル	化	陶	事	実	品	ジ	魔	芸	絵	ン	品	ゲ	ズ	品
園	石	重	カ	魔	ゲ	芸	ジ	活	イ	ハ	キ	写	薬	者	進
ー	植	釣	ン	ジ	イ	み	リ	プ	動	ン	狩	物	理	学	化
シ	エ	物	園	園	ン	品	影	ー	陶	園	ン	生	シ	科	化
園	リ	イ	び	シ	シャ	法	分	子	デ	絵	リ	芸	喜	リ
編	動	品	ジ	撮	ゼ	釣	撮	影	原	ー	芸	猟	リ	影	編
び	絵	ャ	書	ー	グ	動	写	画	活	タ	撮	写	ル	ラ	猟
影	ゲ	活	レ	狩	レ	芸	レ	真	ハ	ハ	び	実	験	仮	説
味	魔	影	ク	ル	猟	真	グ	ゼ	レ	ミ	ネ	ラ	ル	活	び
み	書	び	ム	品	ル	動	プ	ー	り	ゼ	ズ	狩	ム	ー	ラ
絵	ン	ム	味	ラ	猟	編	ン	書	キ	ル	シ	芸	画	猟	品
り	ダ	方	法	キ	み	影	び	園	ル	園	り	猟	ダ	魔	リ
編	味	陶	喜	ジ	書	シ	編	ル	ン	園	真	猟	陶	ゼ	喜
ラ	法	パ	び	み	シ	粒	ゲ	喜	エ	ズ	研	究	室	写	自
興	陶	絵	ゼ	気	ゲ	子	猟	ク	編	ム	プ	園	ャ	物	然
ラ	喜	ー	ラ	芸	候	キ	ー	グ	レ	ル	レ	ー	び	園	び	ハ

原子	研究室
化学薬品	方法
気候	ミネラル
データ	分子
進化	自然
実験	生物
事実	粒子
化石	物理学
重力	植物
仮説	科学者

33 - Beauty

ャ	ジ	陶	エ	レ	ガ	ン	ト	エ	マ	ム	影	喜	イ	ー	園
芸	ジ	芸	ン	ダ	シ	ャ	ン	プ	ー	ス	グ	魅	イ	ハ	喜
絵	パ	エ	ン	ラ	芸	釣	ル	ズ	魔	ビ	カ	絵	カ	び	ー
読	ダ	写	ャ	ム	書	興	陶	ム	ル	ー	カ	ラ	グ	品	び
グ	び	読	レ	真	キ	ハ	魔	動	釣	サ	魔	読	味	品	活
フ	ォ	ト	ジ	ェ	ニ	ッ	ク	ン	読	リ	喜	画	レ	び	写
ラ	園	芸	読	編	書	香	色	絵	り	物	ク	り	写	ム	園
釣	陶	物	釣	品	り	魔	り	レ	び	物	工	肌	読	ハ	シ
狩	猟	編	シ	狩	化	粧	品	ン	ラ	品	物	芸	読	写	園
ゼ	キ	リ	品	興	絵	写	魔	び	ダ	イ	ハ	編	ン	園	レ
化	レ	真	法	編	イ	ル	プ	猟	ャ	釣	釣	狩	ャ	物	イ
粧	園	興	リ	魔	編	読	ム	画	シ	写	ロ	魔	魔	シ	プ
パ	書	ゼ	物	魔	鏡	ゼ	狩	グ	品	ラ	紅	プ	興	シ	陶
は	さ	み	製	品	ダ	園	グ	み	グ	び	動	優	雅	書	ジ
ス	タ	イ	リ	ス	ト	猟	ル	写	ダ	動	ハ	び	び	グ	読
ム	シ	ム	釣	ル	猟	物	ク	陶	り	ク	編	オ	イ	ル	物

魅力	マスカラ
化粧品	オイル
カール	フォトジェニック
優雅	製品
エレガント	はさみ
香り	サービス
口紅	シャンプー
化粧	スタイリスト

34 - To Fill

物イ浴槽ラ引ググ活陶ゼイムジ活ラ
画グクエエきグ封筒ン陶動プラ物読
レりゼキチ品芸出園動ン魔ジ興釣エ
写クグ猟魔ュス物し法興魔画ダ読ー
ーグ編り花瓶ー活写園狩パパケット
ゼム芸狩法書ケブジポケット法ム写
読ル園工喜絵ツ容器ゲゼシン画ゲズ
りび動影物ゲージ喜書撮読ク読りエ
リ撮ルゼゲ編ス活興クャ撮法画写グ
陶ー芸画編ル法魔芸動ゲ撮書ゼフッ
プ興ダ読ントーカボトルム芸ャォバ
興ダ画ゼーレりゲキ画ルパ絵リルス
ン影ハ撮釣イ園狩編ゲクレートダケ
レズ画物ジ活ム興ルズりみバケツッ
箱魔法陶猟画工物ゲ物猟品法パびト
ダ真撮リ編リ魔影書園活イ真釣ク物

バッグ	フォルダ
バレル	パケット
バスケット	ポケット
ボトル	スーツケース
バケツ	トレイ
カートン	浴槽
クレート	チューブ
引き出し	花瓶
封筒	容器

35 - Clothes

```
陶 シ プ ズ レ グ 手 ル 興 み り イ ル ャ ラ 猟
み ャ イ 真 ゼ エ 袋 ズ パ 写 活 味 り 書 ク み
物 ツ ド シ 陶 狩 ジ 芸 ャ 味 味 物 パ ン ツ 絵
リ 影 レ 物 ダ ム ム 影 パ ン ゲ ゼ ン ゼ 猟 陶
ラ イ ス ン パ ジ ャ マ ス ジ ャ ケ ッ ト ー 釣
ジ ュ エ リ ー ム 読 リ カ ウ ス ク ャ 釣 イ 猟
び ハ 動 書 タ エ ー シ ー ャ ラ カ グ 味 法 陶
み ャ 読 シ ー レ 陶 芸 ト ゼ 興 ブ ー 品 法 ハ
芸 釣 ゲ 動 セ ズ レ 陶 ン ラ り 動 画 フ り ャ
リ 絵 ダ ブ ャ 写 リ 猟 ダ 真 釣 活 写 エ ハ ラ
陶 狩 ゼ レ ベ 魔 影 魔 影 読 コ ー ト プ 活 ダ
ダ 絵 ム ス ル ダ ン サ 物 品 シ キ ダ ロ リ 味
品 興 影 レ ト ハ 味 写 ラ ラ 物 キ ズ ン ー ジ
ン ョ シ ッ ァ フ 動 芸 品 品 ラ 編 ゲ イ リ 絵
ゲ 動 絵 ト 活 帽 ル 動 レ 読 動 興 ダ び 靴 影
書 撮 絵 絵 レ プ 子 キ 画 び ー ク 品 キ 興 芸
```

エプロン	ジーンズ
ベルト	ジュエリー
ブラウス	パジャマ
ブレスレット	パンツ
コート	サンダル
ドレス	スカーフ
ファッション	シャツ
手袋	スカート
帽子	セーター
ジャケット	

36 - Astronomy

影読陶写狩法パズ書ク法影ジ書法ズ
興ン画ラ品ゼハパり興真工猟プグ読
放射線興プ猟月宇宙飛行士エラ狩活
釣陶ン魔リキズンキロケットムゼ
イ陶ゲ陶喜味りイラ書絵園喜ゾ写撮
釣興猟猟読動ャイび銀河プムディ興喜
猟ハシ陶ンプパ撮雲エゼ画画ィ法動
ャ園猟写ズシリレ魔星座キレア空猟
クム真編動イ活味ラ惑流物絵ッみり
絵ル活ン興影喜グゼ活動一ハク編グ
味ル影食品物法芸興動絵ク釣地球絵
陶ャ味写リイエムり興陶太陽釣小喜
ダゼー画工魔読影活ン者喜興ゼ惑絵
編園ク狩味味陶陶書味衛学一イ星ク
ム読ダハ魔リ影イ春芸星芸文一興一
園読プゼ写ダリ影分絵超新星天文台

小惑星	天文台
宇宙飛行士	惑星
天文学者	放射線
星座	ロケット
地球	衛星
春分	太陽
銀河	超新星
流星	ゾディアック
星雲	

37 - Health and Wellness #2

影	喜	ン	レ	読	ダ	エ	食	園	グ	物	味	品	遺	ル	び
キ	書	パ	法	プ	キ	イ	欲	編	編	興	り	陶	品	伝	エ
ラ	書	り	ス	ト	レ	ス	エ	ム	画	猟	み	ン	画	ジ	学
園	イ	味	ラ	編	釣	プ	キ	ッ	読	病	ン	絵	ー	釣	猟
重	ハ	回	ジ	ラ	真	み	釣	味	ト	院	ク	ハ	写	ダ	猟
さ	ク	復	品	び	真	ー	写	ム	ゲ	猟	シ	魔	ン	活	シ
園	グ	グ	プ	味	魔	法	パ	ク	ャ	エ	味	び	物	ハ	ン
イ	活	喜	真	キ	ゲ	書	シ	芸	撮	ク	ネ	ク	ラ	活	エ
カ	ロ	リ	ー	ア	レ	ル	ギ	ー	ゼ	ル	真	ル	り	書	グ
マ	ッ	サ	ー	ジ	脱	水	写	り	品	解	剖	学	ギ	ジ	び
芸	ダ	撮	シ	み	血	陶	ク	ダ	キ	ダ	パ	園	ラ	ー	リ
猟	活	ン	ム	み	法	写	び	び	ャ	法	ン	グ	味	ズ	写
真	レ	陶	グ	芸	画	味	リ	元	ダ	パ	活	撮	ク	ラ	エ
興	影	園	狩	シ	ジ	衛	生	気	ラ	絵	ラ	プ	ー	イ	絵
レ	感	染	猟	読	猟	ム	ー	病	興	シ	シ	写	影	喜	編
エ	ビ	タ	ミ	ン	陶	真	法	ラ	ズ	栄	養	ズ	書	芸	ゲ

アレルギー	病院
解剖学	衛生
食欲	感染
カロリー	マッサージ
脱水	栄養
ダイエット	回復
病気	ストレス
エネルギー	ビタミン
遺伝学	重さ
元気	

38 - Disease

絵	ダ	イ	グ	ゲ	伝	園	動	ゲ	イ	ク	ン	プ	書	ー	ャ
猟	ジ	編	グ	り	法	染	編	動	ム	写	ン	猟	ゲ	ラ	ル
病	び	書	グ	味	ャ	真	性	慢	プ	ン	リ	プ	猟	ハ	グ
真	原	ャ	ー	ゲ	ン	陶	伝	真	園	シ	物	品	園	陶	エ
キ	み	体	シ	リ	写	園	遺	心	臓	物	エ	エ	ズ	ハ	骨
グ	ム	ー	味	レ	芸	パ	シ	腰	グ	り	り	ム	喜	腹	部
ム	エ	ダ	興	物	ム	ャ	陶	椎	リ	み	キ	み	写	エ	影
活	写	物	ア	書	興	書	パ	喜	ハ	ル	絵	弱	ハ	ム	陶
ル	読	影	レ	免	疫	品	猟	物	編	エ	ャ	い	健	ジ	パ
喜	釣	ゲ	ル	び	釣	ラ	読	ク	神	ャ	シ	物	康	撮	ハ
ル	細	菌	ギ	読	み	ハ	パ	魔	経	読	ラ	真	活	ャ	絵
り	ム	グ	ー	魔	シ	ズ	魔	ラ	障	呼	吸	器	ャ	写	魔
味	ゼ	プ	リ	喜	狩	釣	書	り	害	陶	園	ゲ	レ	動	陶
症	候	群	遺	伝	ム	猟	写	ル	ャ	釣	グ	芸	ゼ	レ	魔
ー	炎	ズ	園	ラ	喜	ゲ	エ	グ	動	ハ	写	画	プ	味	狩
ン	影	編	書	キ	画	レ	ン	味	エ	シ	品	法	ー	治	療

腹部	免疫
アレルギー	炎症
細菌	腰椎
慢性	神経障害
伝染性	病原体
遺伝	呼吸器
健康	症候群
心臓	治療
遺伝性	弱い

39 - Time

品	ル	活	シ	猟	リ	影	興	ゼ	ク	週	び	ズ	興	早	シ
カ	ハ	イ	品	パ	キ	絵	ジ	み	園	ラ	味	リ	ハ	い	日
レ	影	読	法	キ	ラ	編	イ	陶	レ	ズ	リ	ジ	す	ぐ	動
ン	味	ゼ	猟	未	撮	キ	ゼ	絵	園	編	画	物	真	パ	動
ダ	グ	法	味	ャ	来	真	み	み	活	レ	ム	リ	ズ	ゲ	キ
ー	プ	び	物	グ	シ	活	エ	魔	ン	魔	間	時	読	編	グ
活	グ	品	ャ	ゲ	陶	味	世	紀	分	エ	興	計	ャ	喜	ダ
キ	味	興	ハ	プ	パ	ダ	絵	ジ	釣	写	陶	ゲ	味	パ	ズ
法	み	読	エ	ダ	釣	編	影	園	釣	ジ	真	前	パ	読	法
撮	喜	キ	エ	味	写	ダ	ゼ	び	画	ズ	絵	撮	み	ャ	影
び	り	法	み	リ	品	月	魔	ゼ	喜	ゼ	真	動	パ	ダ	興
ズ	真	法	ク	ム	グ	ー	ゲ	芸	イ	物	ン	興	園	魔	喜
夜	昼	ダ	ゲ	味	び	イ	品	ム	写	み	芸	ャ	園	編	ク
品	芸	レ	品	活	リ	プ	レ	真	朝	編	通	興	ク	興	陶
園	プ	陶	魔	芸	品	味	真	ゲ	イ	ャ	年	法	今	日	園
リ	イ	品	品	ラ	び	エ	ダ	ハ	味	り	十	園	画	絵	法

通年	早い
カレンダー	未来
世紀	時間
時計	すぐ
十年	今日

40 - Buildings

物真芸書キ写ー城ン法興陶ア画ムル
芸魔撮パャリルジク狩ゼシ撮パ写シ
編猟ク動ビ味シエ陶物味タダ法ーエ
猟び真猟ン活ネシび病院活ワハレト
テ書猟びパ味マラプ撮書エゼープレ
エン編プ品工撮ジプみ納品撮ハホび
シゼトクゼリ画パリ物屋劇場味テシ
絵画工狩撮り猟品ムダみラエ書ルキ
魔釣び猟園釣キイ写写陶喜リシゲ釣
法魔活ル編ホ味物芸園シ真物キレ写
キキラゲイス動猟エシエシ大使館ク
猟ゲク園シテ読ン物リリ動編プ物写
スタジアムル法ン芸物味園プ活博ャ
研究室真クリ読グ品天狩影写りみプ
パハズ興画ラ活影プ文動狩ダ写学大
スーパーマーケット台園ム動画校画

アパート	博物館
納屋	天文台
キャビン	学校
シネマ	スタジアム
大使館	スーパーマーケット
工場	テント
病院	劇場
ホステル	タワー
ホテル	大学
研究室	

41 - Herbalism

品ダ真興動読陶ムトニ庭ムフ味イハ
サフランゴラターダンベラェび狩猟
読ゼ絵法リダ魔編撮ニミョンシリ味
写成絵物魔味影狩みクズジネ物釣ゼ
編ン分ジ画レクク活魔編ールリ影撮
喜ムローズマリーゲパ法マ絵興興み
ーシ物撮ゼ法ク釣ジ書緑魔活芸みゲ
み植物芳香族動み影シゲ工真び読写
イプ写品読び味ク撮園プズクーキム
リ動陶真魔び活りジプ写グシエ味影
ズりダ有ズ物ハ活パ編エバびリ料イ
品花レ益イ品クグ写絵芸ジャ魔理プ
イジ影ング撮レルムゼ画ルプ品喜編
活パゲダ狩ゼャルイみりャグリびン
写ダセレ撮陶びシ真グ狩オレガノダ
ャキ品リ書りゼ工真写ーリ法魔動物

芳香族	マージョラム
バジル	ミント
有益	オレガノ
料理	パセリ
フェンネル	植物
ニンニク	ローズマリー
成分	サフラン
ラベンダー	タラゴン

42 - Vehicles

```
ト フ ェ リ ー シ ク タ ロ ム エ 芸 キ 自 ジ ゼ
物 ラ キ 潜 ル り ッ シ ケ プ 車 動 ャ 転 ゲ 芸
読 レ ク 陶 水 写 ラ ム ッ 魔 編 ボ ラ 車 パ ム
レ ヤ イ タ 法 艦 ト ハ ト バ ス ー バ 画 釣 ダ
興 ャ プ レ ー タ ー ク ス パ 猟 ト ン ル 狩 写
グ 興 シ 書 タ 撮 ル 編 陶 ム 味 ジ ジ ー プ プ
リ り 撮 み ー び 物 ラ ジ 読 喜 絵 ン パ エ ゼ
猟 興 写 動 モ 陶 イ 狩 読 園 魔 ャ エ 味 ャ 味
動 エ 画 ヘ リ コ プ タ ー 読 ム ラ エ 釣 ャ リ
キ ル 撮 法 ジ 猟 シ リ 写 編 画 読 び 物 品 画
絵 い 書 陶 猟 ゲ 味 猟 レ 写 プ 影 猟 飛 ダ
パ か エ ハ 影 ゼ グ 画 び 釣 救 リ 園 芸 行 喜
物 だ パ 陶 ム プ 写 画 釣 プ ム 急 ラ 猟 機 真
園 り ャ 読 ー 興 猟 地 興 画 編 興 車 キ レ リ
活 ル 喜 ゼ 影 ゲ 編 下 ラ 魔 狩 ー ゼ ャ 喜 ラ
写 び 猟 り グ 読 園 鉄 真 園 レ 読 画 り ル ゲ
```

飛行機	いかだ
救急車	ロケット
自転車	スクーター
ボート	潜水艦
バス	地下鉄
キャラバン	タクシー
エンジン	タイヤ
フェリー	トラクター
ヘリコプター	トラック
モーター	

43 - Health and Wellness #1

```
怪 法 芸 パ 編 画 ホ 喜 リ ラ ク ゼ ー シ ョ ン
我 撮 医 絵 シ 影 診 ル 写 り 書 ム ャ 猟 び 画
グ 編 者 喜 ズ 品 プ 療 モ ム ム 喜 り ダ キ プ
影 み び レ 編 ン ゲ 所 ン 書 法 撮 り 治 療
猟 ジ レ 真 ズ レ ラ ゲ 芸 パ ハ 物 び ク 真 エ
神 経 習 ゲ ゼ 猟 猟 エ 法 リ 影 飢 餓 ン ャ 味
ラ 真 園 慣 ー 読 キ み 撮 味 喜 細 法 ラ 真 グ
真 ク ラ 陶 グ 興 ジ び 書 活 高 菌 リ 筋 品 釣
陶 び 絵 び 法 影 ャ 折 骨 活 さ 薬 レ 肉 影 興
編 味 グ シ ダ ハ 画 肌 キ 撮 ダ 狩 画 ゼ 魔 反
ズ レ 読 芸 パ ム イ 写 喜 イ リ ズ ク 活 エ 射
法 グ 芸 品 猟 魔 撮 シ 園 レ 編 ー ル 猟 ャ 画
陶 画 品 喜 品 品 ズ 影 イ キ び 真 パ り 園 狩
画 読 ン ラ り 興 編 薬 ア ク テ ィ ブ 活 プ ー
編 ウ イ ル ス 物 り 局 動 物 グ 写 撮 び エ 喜
ダ ゼ 狩 ハ 園 喜 ハ び 活 イ ン ダ ン 絵 ク ム
```

アクティブ	怪我
細菌	筋肉
診療所	神経
医者	薬局
骨折	反射
習慣	リラクゼーション
高さ	治療
ホルモン	ウイルス
飢餓	

44 - Town

ラ	エ	喜	ジ	読	興	プ	パ	り	魔	影	陶	み	編	キ	イ
興	ル	ク	パ	動	み	ハ	り	ゼ	絵	興	ャ	大	ー	シ	ン
ン	陶	書	ベ	ー	狩	ク	画	ー	ジ	プ	撮	学	シ	キ	品
陶	陶	店	ー	ン	シ	編	編	編	陶	味	絵	魔	ジ	ネ	ハ
ギ	喜	味	カ	魔	活	キ	興	キ	み	絵	活	品	ン	マ
ン	ャ	撮	リ	陶	釣	ズ	学	校	ャ	ク	ム	釣	芸	書	狩
ラ	み	ラ	ー	パ	プ	レ	狩	味	撮	動	エ	エ	真	ハ	薬
ホ	テ	ル	リ	プ	写	レ	陶	レ	興	銀	行	動	物	園	局
ン	動	狩	狩	ー	喜	ゼ	ダ	び	物	魔	キ	編	ム	写	影
博	キ	味	絵	ラ	ラ	ダ	味	猟	キ	書	物	イ	読	撮	園
園	物	ダ	ム	画	絵	び	イ	編	市	ン	動	プ	園	法	ラ
プ	ク	館	ア	絵	パ	活	空	港	場	魔	キ	品	リ	エ	法
グ	レ	物	ジ	園	編	シ	レ	ー	キ	品	グ	図	書	館	パ
ズ	画	読	タ	ー	編	ハ	魔	パ	レ	レ	物	ム	ャ	グ	花
真	イ	グ	ス	ー	パ	ー	マ	ー	ケ	ッ	ト	写	エ	猟	屋
動	動	イ	シ	ズ	芸	物	び	み	動	劇	場	診	療	所	レ

空港　　　　　　　　　市場
ベーカリー　　　　　　博物館
銀行　　　　　　　　　薬局
書店　　　　　　　　　学校
シネマ　　　　　　　　スタジアム
診療所　　　　　　　　スーパーマーケット
花屋　　　　　　　　　劇場
ギャラリー　　　　　　大学
ホテル　　　　　　　　動物園
図書館

45 - Antarctica

ー	キ	狩	芸	書	物	動	レ	ハ	魔	猟	イ	プ	品	読	グ
研	究	者	品	撮	り	キ	グ	グ	ダ	ー	影	ク	理	地	形
プ	活	活	真	読	味	味	写	影	編	プ	喜	狩	ジ	編	影
リ	法	魔	ク	陶	影	島	半	ラ	興	エ	ラ	ム	ハ	ク	ャ
パ	ン	ハ	ラ	猟	動	物	絵	真	ク	リ	イ	移	氷	イ	ム
陶	ハ	ゲ	画	編	味	ー	物	真	喜	ズ	ー	行	河	入	キ
み	み	環	ラ	芸	ン	撮	写	画	動	ハ	興	芸	味	り	品
グ	雲	境	リ	ベ	絵	キ	写	保	科	学	的	水	ー	江	ジ
ー	喜	魔	絵	ル	イ	猟	撮	グ	全	園	ジ	プ	プ	ク	動
プ	温	喜	遠	征	パ	パ	画	真	絵	プ	活	パ	み	動	り
ン	度	法	キ	撮	陶	活	猟	ダ	影	ゲ	興	ダ	釣	ク	イ
ロ	ッ	キ	ー	法	び	園	動	編	エ	陶	陶	ズ	シ	動	魔
リ	シ	影	喜	陶	ズ	芸	大	陸	法	魔	ゲ	ズ	ゼ	プ	編
パ	鳥	ム	猟	ー	ジ	ハ	影	シ	興	ダ	猟	編	編	陶	ラ
味	ダ	編	ン	園	編	ク	ゼ	編	ム	園	プ	ゲ	び	ゲ	ラ
ハ	書	活	ー	喜	絵	味	法	法	ズ	写	撮	物	ー	ジ	ゲ

ベイ	移行
保全	半島
大陸	研究者
入り江	ロッキー
環境	科学的
遠征	温度
地理	地形
氷河	

46 - Ballet

```
レ ダ び プ 撮 園 ル 味 ル ク パ ゼ 画 ー 真 芸
ム り ン ス ッ レ 画 物 味 読 ラ レ キ り 品 術
ラ シ エ サ ナ ク 物 ズ ャ ズ 陶 園 興 動 書 的
魔 レ キ レ ー ャ チ ス エ ジ 影 真 釣 ク 芸 活
味 り 興 猟 リ 撮 画 ー 作 活 影 オ び 物 イ 法
ー 読 ハ ク レ 書 ス パ 品 曲 ー ー 読 グ 喜 リ
ム 書 ズ ム バ び キ ゲ 動 ダ 家 ケ び シ 絵 画
ャ ズ ハ ー エ 表 ル 筋 び 園 真 ス ダ ム ダ ラ
写 画 リ ム 撮 現 ム 肉 陶 ク 画 ト 魔 練 習 動
写 編 ハ ズ 技 カ パ ク 品 強 猟 ラ 影 ー 魔 イ
画 ダ ー 拍 術 豊 ー レ レ 度 ス タ イ ル 法 音
ハ ラ サ 手 芸 か 動 狩 真 ラ 陶 絵 狩 物 画 楽
ャ パ ル み 動 な 法 園 読 味 ー ソ パ 品 グ 猟
活 レ み 動 興 動 工 影 味 物 撮 ロ 猟 ゼ グ び
読 画 ゲ 影 読 ン グ 喜 ル 法 レ ク 画 ン り レ
撮 振 り 付 け 読 レ イ 陶 ハ プ 品 ハ ハ リ レ
```

拍手	筋肉
芸術的	音楽
バレリーナ	オーケストラ
振り付け	練習
作曲家	リハーサル
ダンサー	リズム
表現力豊かな	スキル
ジェスチャー	ソロ
強度	スタイル
レッスン	技術

47 - Fashion

測	書	ラ	キ	書	写	写	編	り	実	ゲ	ル	猟	書	動	ミ
定	物	生	地	ー	魔	編	活	ム	用	テ	エ	ル	興	ゼ	ニ
リ	読	ル	手	頃	な	価	格	刺	的	ク	レ	ナ	イ	魔	マ
レ	高	価	な	読	芸	ズ	撮	ャ	繍	ス	ガ	ジ	法	タ	リ
び	ー	写	パ	ン	み	グ	み	ャ	ダ	チ	ン	リ	魔	ム	ス
ン	味	ス	タ	ム	物	快	適	絵	興	ャ	ト	オ	ジ	動	ト
狩	イ	写	ー	編	ャ	活	ク	ャ	品	釣	び	物	絵	み	シ
ダ	絵	ダ	ン	ラ	動	ン	ン	猟	び	真	陶	読	狩	み	り
ク	イ	み	パ	衣	ゲ	絵	ラ	釣	魔	ャ	物	エ	ム	ト	喜
ハ	ャ	画	物	類	ボ	タ	ン	洗	練	さ	れ	た	グ	レ	陶
読	猟	編	物	リ	ム	ラ	ダ	書	喜	リ	プ	み	み	ン	読
ブ	テ	ィ	ッ	ク	ゲ	ハ	モ	活	ズ	ダ	レ	釣	園	ド	レ
読	興	リ	撮	絵	イ	絵	猟	ー	エ	ハ	イ	味	読	ゼ	読
ク	写	動	味	写	ラ	動	法	猟	興	ゼ	キ	パ	ー	画	ズ
味	読	法	ャ	活	ジ	り	味	プ	猟	喜	ム	陶	興	び	編
動	ク	グ	ル	グ	読	読	リ	猟	り	釣	エ	イ	ジ	法	ゼ

手頃な価格	測定
ブティック	ミニマリスト
ボタン	モダン
衣類	オリジナル
快適	パターン
エレガント	実用的
刺繍	洗練された
高価な	スタイル
生地	テクスチャ
レース	トレンド

48 - Human Body

釣 み 活 ー 芸 写 画 釣 ン ム ズ ラ ゲ 活 ム 血
ン 狩 ン 品 物 脳 味 顔 グ び 狩 狩 ハ エ 影 動
ム ハ 指 釣 イ 真 絵 芸 魔 グ 画 び 影 び 編 法
編 ゲ プ 芸 写 味 エ プ 喜 シ 味 動 撮 物 読 撮
み 書 肘 グ 撮 手 ク レ み レ ー ダ 猟 エ ハ ハ
ロ 喜 写 真 芸 リ 陶 釣 動 ャ 編 エ り 興 品 シ
法 イ キ 園 リ グ ズ 物 影 画 ラ 喜 み び 興 動
ゼ 写 ハ 狩 び り レ 法 影 興 編 ズ 真 物 頭 絵
ン ー ー 写 び イ び 興 肩 陶 リ 芸 ラ 興 ゼ ム
耳 撮 ダ レ 興 品 ジ ン 撮 狩 首 足 ム パ イ 鼻
ジ 猟 撮 活 パ ダ 活 ズ 狩 品 プ 画 魔 エ ダ グ
編 絵 ー プ 法 イ 撮 り グ グ 顎 ム ャ 活 ジ 書
ー ク ゼ ダ 動 ハ 書 ゲ 撮 興 芸 書 み プ 書 肌
ズ 動 園 パ シ 喜 動 真 影 品 真 足 狩 影 物 ズ
唇 リ パ ズ り 影 写 法 ク 品 ル ジ ー レ 魔 味
骨 味 品 品 ム ハ ー 写 膝 心 臓 エ 園 陶 ゲ グ

足首   心臓

49 - Musical Instruments

```
ャ チ 影 影 絵 フ マ み ャ 釣 サ 写 ム 読 チ マ
グ ギ ャ 狩 レ ァ ン リ バ ン タ ッ 読 グ ェ リ
読 タ ク イ 興 ゴ ド パ ラ ル 魔 ル ク 陶 ロ ン
プ ー ハ バ ム ッ リ フ ル ー ト 影 シ ス 写 バ
レ ョ 編 イ ダ ト ン パ ー カ ッ シ ョ ン エ 真
プ ジ 芸 オ び り イ 興 キ ズ 動 レ ハ び 絵 味
興 ン 魔 リ キ リ ダ 書 ズ ル グ 狩 書 法 書 り
園 バ 画 ン 品 陶 真 み ゲ イ ト ャ ク 猟 ド 興
イ ゼ リ り シ キ 猟 グ 影 ャ ッ ロ グ み ラ レ
活 グ 読 グ 書 園 園 喜 レ 撮 ネ 猟 ン エ ム ト
ー 園 釣 ン 陶 エ キ み ン 猟 リ 真 ゴ ボ 興 ッ
ズ リ ラ ダ ズ エ 法 み ゲ 芸 ラ ピ ジ ー ー ペ
陶 猟 法 ャ 編 写 レ 画 書 画 ク ア み オ レ ン
リ ラ ク ー ン 写 み 猟 プ 釣 喜 ノ 動 ゲ ク ラ
芸 み 魔 ラ 品 芸 品 影 芸 魔 興 ン み ズ 味 ト
喜 パ び ゲ ム 動 グ 読 ズ 物 ズ 喜 写 味 ズ 画
```

バンジョー	マンドリン
ファゴット	マリンバ
チェロ	オーボエ
チャイム	パーカッション
クラリネット	ピアノ
ドラム	サックス
フルート	タンバリン
ゴング	トロンボーン
ギター	トランペット
ハープ	バイオリン

50 - Fruit

コ	絵	ン	品	ゲ	ト	ジ	キ	釣	ム	ズ	編	ゼ	園	キ	マ
読	コ	パ	イ	ナ	ッ	プ	ル	イ	チ	ジ	ク	釣	撮	ウ	ン
ラ	法	ナ	ズ	ジ	コ	ャ	書	味	書	ダ	芸	写	陶	イ	ゴ
動	イ	パ	ッ	ー	リ	ラ	梨	ネ	園	ク	バ	ズ	チ	リ	ー
ク	イ	画	ズ	ツ	プ	撮	絵	ク	動	ズ	ナ	プ	ェ	写	リ
ラ	法	影	釣	バ	ア	グ	画	タ	ャ	リ	ナ	画	リ	レ	ベ
芸	エ	ク	エ	書	パ	書	シ	リ	リ	動	ア	エ	ー	キ	ゼ
リ	イ	パ	ク	ダ	エ	パ	撮	ン	ー	シ	猟	ッ	キ	プ	狩
撮	味	桃	グ	芸	芸	グ	イ	活	写	園	画	撮	プ	ゼ	グ
喜	ラ	味	撮	活	絵	ャ	真	ヤ	動	ダ	ラ	り	猟	ル	書
品	ム	ム	写	陶	ル	レ	撮	芸	イ	ク	喜	ア	ボ	カ	ド
ル	書	キ	釣	物	真	モ	ン	ゼ	ク	園	喜	パ	味	猟	園
動	真	真	釣	ゲ	ズ	ン	ロ	メ	ラ	ズ	ベ	リ	ー	写	ム
葡	び	ー	活	ゼ	魔	陶	味	魔	み	編	ラ	陶	撮	動	狩
萄	興	味	ル	ゲ	興	編	ハ	編	ル	シ	撮	パ	活	狩	陶
絵	ラ	エ	物	シ	リ	み	撮	猟	ズ	猟	影	グ	り	み	ゲ

アップル	グアバ
アプリコット	キウイ
アボカド	レモン
バナナ	マンゴー
ベリー	メロン
チェリー	ネクタリン
ココナッツ	パパイヤ
イチジク	パイナップル
葡萄	ラズベリー

51 - Engineering

```
ル エ シ ー ゼ び レ 陶 び 興 喜 ズ ゲ リ プ 興
ー び ゲ ム 狩 イ バ 芸 び ー パ び ゲ プ 興 り
プ 園 書 ズ エ び ー パ り 品 陶 芸 び ラ 陶 写
編 活 び シ り み 軸 ン パ ー 読 パ 真 ム 書 編
直 安 定 性 品 興 動 ジ ゲ 工 絵 猟 ハ ン 角 ラ
径 構 測 絵 編 味 陶 ン シ り ディー ゼ ル 度
ジ 造 ダ 絵 魔 ゲ 喜 エ ネ ル ギ ー 味 読 品 影
り 動 動 活 猟 分 狩 リ 喜 活 法 陶 興 影 興 グ
プ 書 ル 物 喜 キ 布 画 ン ジ ダ 味 画 釣 図 ダ
ハ ゼ 陶 陶 モ ー タ ー ハ ム イ ム ャ 興 シ レ
写 プ ジ 推 芸 陶 狩 品 園 品 ル 液 法 ー ハ 真
魔 ギ ア 進 機 ラ 狩 喜 ク 撮 法 体 物 ジ 法 ゼ
建 設 ム 園 械 プ パ 撮 ズ 園 ゲ 品 ー 物 味 狩
ン キ 味 書 動 編 ム び 真 絵 撮 興 リ 釣 編 興
ラ 陶 編 ラ 芸 影 深 ャ 物 狩 動 グ 活 計 品 写
ハ キ 狩 ゼ 画 書 さ グ 真 み ン り 品 法 算 写
```

角度	ギア
計算	レバー
建設	液体
深さ	機械
直径	測定
ディーゼル	モーター
分布	推進
エネルギー	安定性
エンジン	構造

52 - Government

```
編 興 画 品 陶 撮 グ エ び レ シ 真 真 ズ 撮 ダ
ム イ 民 画 り 釣 ャ 動 味 ー 芸 編 平 プ シ
政 治 主 ジ ン イ 市 狩 レ 魔 真 独 立 等 活 芸
グ 影 主 ク 影 品 民 状 態 国 写 ン ン 写 プ イ
み 興 義 狩 ャ 園 権 猟 家 品 ル ゼ 画 撮 ス
ャ レ 正 シ ン ボ ル ゼ 芸 ゲ り 釣 プ 味 ー ピ
グ 狩 編 り ゲ パ 喜 グ ャ 園 イ 画 画 プ 法 ー
ー キ 陶 工 み 芸 芸 物 動 書 品 ダ 物 影 喜 チ
イ ゼ リ 品 ダ 活 み ャ 陶 魔 ハ 魔 リ り 園
読 ル 編 ゼ シ 陶 ラ 平 司 法 ラ 品 ン ル 味 ハ
プ ジ ダ 興 釣 ラ 議 和 狩 憲 影 味 読 魔 び 市
ゼ ゼ み 陶 み シ 釣 論 リ 記 写 編 り ー キ 民
喜 物 釣 キ ク 活 陶 芸 ー 法 念 動 画 動 工
陶 絵 ー 読 魔 ハ ゼ 読 ダ 工 律 碑 グ 芸 ハ パ
法 ル レ び ル パ グ エ ー ワ パ 写 真 絵 園 び
興 影 自 由 猟 影 り ク 編 ラ イ レ リ び 書 読
```

市民権	リーダー
市民	自由
憲法	記念碑
民主主義	国家
議論	平和
平等	政治
独立	パワー
司法	スピーチ
正義	状態
法律	シンボル

53 - Art Supplies

影 ゼ 喜 興 釣 読 活 ク 真 ム ア 真 鉛 ゼ グ 興
キ ハ 法 ブ ラ シ 陶 陶 影 ズ ク グ 筆 陶 動 リ
水 彩 画 絵 ゲ ハ 法 水 ダ プ リ 創 造 性 レ 芸
法 グ ゼ ク の リ ャ 絵 ゲ 写 ル ブ ー テ 釣 品
ー ム 読 ン り 塗 料 ル 粘 土 イ 狩 撮 影 法 書
園 撮 味 イ ー ゼ ル ア イ デ ア ズ 影 み 魔 レ
魔 ー 編 消 シ 芸 ズ ジ シ ャ 猟 油 物 興 パ ャ
物 ャ 喜 絵 し 動 び 読 ラ 読 狩 興 絵 喜 書 影
陶 工 編 キ 真 ゴ ャ カ ラ 画 ン ダ キ 釣 工 園
釣 品 芸 ン り エ ム メ 狩 キ ン 味 色 び 画 画
狩 ャ 影 興 キ 画 興 ラ ラ り 動 狩 ン ゼ 魔 園
画 狩 ゼ み 写 物 魔 シ ー レ 興 撮 ゲ ャ ャ 活
シ キ ハ 味 魔 ー 撮 ゼ ジ 写 狩 ゼ 椅 芸 真 活
ゲ 紙 み キ ム 法 編 釣 ク プ パ パ 子 イ 読 レ
リ 芸 ル シ 活 ダ キ ジ プ 影 ム 写 活 リ 活 陶
法 ン ジ レ エ 品 グ 写 イ 炭 味 ラ ャ り 画 喜

アクリル	のり
ブラシ	アイデア
カメラ	インク
椅子	塗料
粘土	鉛筆
創造性	テーブル
イーゼル	水彩画
消しゴム	

54 - Science Fiction

陶 化 虚 数 ル シ 読 活 シ ゼ 技 ク ャ ダ 活 シ
ム 学 味 読 陶 動 味 レ エ 味 影 術 味 エ 絵 喜
ハ 薬 銀 ダ び 画 ャ プ ゲ ダ グ レ ハ 写 真 ゲ
園 品 河 エ 魔 書 ク び グ ゼ 動 影 影 火 芸 真
真 動 ム 園 ャ ダ ダ ズ 喜 エ ハ 陶 読 書 芸 シ
り 撮 ー 影 グ び ー 芸 神 秘 的 な レ 品 ル 編
ハ エ キ 書 リ 園 レ エ 書 ダ 来 惑 ー ロ 興 味
興 ジ 活 シ 影 ン 読 ン ン 撮 未 撮 星 ボ 動 狩
園 興 シ ネ マ ア ピ ト ー ユ リ 写 ダ ッ 喜 ル
ー 写 狩 ジ プ ト 興 ダ ロ 味 ー ゼ ー ト ャ ハ
ズ グ 影 ダ ー ミ リ 書 ク イ リ ュ ー ジ ョ ン
び プ ゼ 狩 絵 ッ 狩 活 籍 爆 発 興 み 書 絵 猟
画 イ 興 芸 び ク オ ラ ク ル ディ ス ト ピ ア
キ ゼ 読 撮 物 素 晴 ら し い レ 物 ン イ 絵 魔
ジ 陶 写 写 世 界 園 り ク 撮 ー 釣 喜 エ ン 活
絵 ジ 絵 み 法 絵 リ 写 狩 真 シ 狩 エ グ み 狩

アトミック	イリュージョン
書籍	虚数
化学薬品	神秘的な
シネマ	オラクル
クローン	惑星
ディストピア	ロボット
爆発	技術
素晴らしい	ユートピア
未来的	世界
銀河	

55 - Geometry

読 ハ ム 園 質 シ 計 ム 絵 書 喜 み 芸 ク 狩 シ
味 編 ラ シ 量 影 算 陶 陶 動 撮 ハ キ 画 芸 写
ジ ゲ 喜 ズ ダ 品 喜 エ ン 品 ル 芸 ン 物 行 写
番 号 グ り 論 活 リ 興 ラ 影 プ 画 ゼ 陶 水 平
グ ズ 法 ク ー 理 み 曲 品 ラ り 興 三 角 形 影
ゲ 影 グ 狩 ゲ 狩 影 線 対 園 魔 キ 物 ー 味 ン
動 影 画 撮 ズ ダ ン ズ 称 ャ リ ラ 編 陶 ズ ゲ
ラ 陶 ャ ダ 味 ゼ グ 角 度 画 キ 直 径 法 ー ー
り 園 ャ 画 味 芸 ル り 喜 方 表 面 編 品 猟 釣
絵 猟 画 ゲ 興 び り 次 書 程 ャ 画 高 リ ゲ プ
ゼ ン 喜 ャ 法 プ 編 元 円 式 理 論 さ ル び 興
活 グ 狩 園 釣 み み 狩 中 ラ 喜 ラ ズ み 物 園
物 パ 動 狩 シ 写 芸 園 央 ハ 芸 影 編 真 ル ャ
ラ イ ル ゼ 画 ャ キ イ 値 動 ム み シ ク 編 工
割 芸 物 シ 写 ン 釣 興 イ 物 喜 ズ ル キ ダ 味
合 動 び 物 ル ズ み セ グ メ ン ト ク 物 読 ゲ

角度	中央値
計算	番号
曲線	平行
直径	割合
次元	セグメント
方程式	表面
高さ	対称
水平	理論
論理	三角形
質量	

56 - Creativity

陶喜ハ活エン喜ク影狩び園エレエび
パ魔強印アイデア陶釣ルり画活編影
ララ度象みンびゼ猟イシジ真読ゼ活
信憑性りーゼ釣ラ釣ハ釣撮猟ダ画ク
ジ編パンハ味ハ陶パイ画法パ書影ム
レャラ法流動性陶ゼみゲハ快キグム
画品ンルプ活ル読ハ味ー発明園レル
猟書ゲ法陶ム法書エ園釣キ自ズジク
味画ーグ動インスピレーション狩法
一情び表編びョキルラン撮物ャグ編
魔感直現活影ジリ読真影動写ジャエ
グ覚リ書ゼビプみイび物編プゲゲ
喜ラャ画魔写ゼレャー味ス芸リイ園
ゲ絵力像想魔品猟法喜キラ術キ釣
影狩活編パ写キ興法魔レルリパ的ラ
ン読ンレエレハ物撮ダ影品ラゲ劇

芸術的	印象
信憑性	インスピレーション
明快	強度
劇的	直感
感情	発明
表現	感覚
流動性	スキル
アイデア	自発
画像	ビジョン
想像力	活力

57 - Airplanes

```
ジプァイラ喜ン動ズ品グーーゲ物品
ル写シズゲ物ジ魔キ猟興書気冒険高
キ法活ジャ着ン芸ラ喜設品空囲リさ
バルーンャ陸活ゼムエ計イ喜パ雰物
ーズルレ陶ンルレエン動編猟園興ゲ
エクク品品絵釣建シジ芸魔イ画影エ
ズーダ品パシ読陶設ンャ興編書プ真
パイロット乱流興書陶イーび狩ロ撮
パ活芸ダ陶みーエダエ猟歴史ゲペ写
撮ズパー魔芸ジエン味画釣りびラゲ
動品ンルーイ活ゲキク写画物ラズり
キジ動真ャゲン写法ズ物真編猟ラダ
真動芸動降下ン燃レゼ釣撮み影園リ
水素旅客猟高度料動シグダ法画書ン
シ写プ園シ味ズ釣びレ活味クみ喜パ
ダ猟魔撮ゼみみ写喜エびー興ゲパ釣
```

冒険	燃料
空気	高さ
高度	歴史
雰囲気	水素
バルーン	着陸
建設	旅客
クルー	パイロット
降下	プロペラ
設計	乱流
エンジン	

58 - Ocean

ジ	レ	ス	品	活	動	撮	真	レ	ジ	芸	エ	猟	キ	レ	書
真	猟	ポ	撮	エ	興	品	ー	写	釣	品	パ	猟	塩	ム	動
撮	釣	ン	真	ハ	動	興	品	み	陶	グ	ツ	み	プ	キ	プ
カ	メ	ジ	ク	ル	撮	リ	レ	リ	園	ン	ナ	ズ	エ	シ	動
ル	釣	潮	ル	書	び	品	り	園	み	ル	読	狩	キ	動	読
イ	写	エ	汐	ゲ	興	魔	ム	陶	ダ	撮	イ	海	藻	狩	編
ル	イ	法	法	狩	物	芸	ゼ	品	ー	魔	ー	キ	グ	撮	読
鮫	グ	ャ	キ	イ	画	書	興	シ	影	エ	ビ	ム	み	読
書	キ	陶	味	カ	園	ゲ	イ	ク	読	ダ	猟	読	読	動	書
園	み	ゼ	狩	ニ	園	魔	魔	嵐	ク	絵	ゼ	た	撮	ゼ	ハ
エ	狩	読	ャ	動	釣	ン	芸	ダ	陶	魚	ラ	こ	う	撮	ズ
影	魔	動	魔	み	鯨	び	ル	レ	絵	影	書	芸	な	釣
釣	ン	猟	味	コ	魔	ゲ	活	喜	猟	ー	園	ズ	魔	ラ	ぎ
撮	エ	イ	フ	ー	リ	キ	写	み	ズ	活	ラ	動	猟	ラ	プ
パ	ゲ	喜	ゲ	ラ	ク	陶	エ	ル	活	び	ャ	撮	法	ー	イ
パ	ク	エ	写	ル	グ	画	エ	リ	パ	画	グ	真	ダ	魔	イ

コーラル	リーフ
カニ	海藻
イルカ	エビ
うなぎ	スポンジ
クラゲ	潮汐
たこ	ツナ
カキ	カメ

59 - Force and Gravity

編ャル摩猟み動拡セプ法レ画編プエ
圧猟レ喜擦読み張イン陶真猟ラ軌道
カプマグニチュードパタり園撮キ速
プロレグ芸物写ゲ興ムャージキジ度
グパ軸ジム園理イ真物カ動物喜ダ味
びテ魔ラャ陶動学芸芸学りキみ活イ
園ィハルゼダ真釣興びル陶ンイ影
レびモ写興ゲム影ーン園イシ動狩響
書りー品キムク動ゲ写キムャラ活活
撮びシ時ク物魔レユニバーサルムレ
レダョン間法法動り興物ク画発パ的
レ味ン重さ画ャ撮ジ園磁気見グン絵
陶グイ影ーム物狩画イルみ真魔ズ写
距離ー活動シ興園ハプイ味キ撮ダク
シーグ書狩クシル写ラ書プり釣ク動
喜ャダキグ園シルエ影ズりーズりび

センター	モーション
発見	軌道
距離	物理学
動的	圧力
拡張	プロパティ
摩擦	速度
影響	時間
磁気	ユニバーサル
マグニチュード	重さ
力学	

60 - Birds

陶	リ	ゼ	撮	ガ	チ	ョ	ウ	品	ャ	レ	キ	ア	書	絵	品
ア	リ	ナ	カ	ダ	チ	ョ	ウ	ス	オ	ウ	ム	ヒ	法	パ	ー
レ	品	芸	ッ	オ	オ	ハ	シ	ラ	ズ	猟	真	ル	芸	喜	絵
釣	レ	狩	コ	影	ー	み	動	カ	活	メ	活	プ	興	ク	キ
法	り	園	ウ	ゲ	孔	雀	ー	活	ラ	シ	陶	影	キ	グ	グ
ク	ム	ク	エ	卵	絵	ゼ	影	猟	法	イ	ゲ	狩	真	動	活
書	絵	ン	エ	ズ	り	ラ	読	白	喜	芸	園	陶	パ	イ	サ
芸	び	ハ	味	ン	レ	画	動	鳥	パ	狩	味	品	レ	ゼ	ギ
読	ャ	読	魔	ク	ラ	ー	猟	鳩	鷲	絵	ル	ハ	ラ	動	猟
品	動	コ	釣	ズ	リ	キ	味	ゴ	ジ	リ	リ	法	猟	ゲ	ル
パ	法	画	ウ	法	真	チ	キ	ン	ラ	活	真	グ	影	エ	読
ン	画	芸	編	ノ	ン	芸	物	ミ	カ	ダ	ズ	び	エ	法	ペ
釣	編	味	釣	陶	ト	ラ	ゼ	ラ	味	リ	法	猟	法	活	ン
品	影	ダ	ャ	猟	興	リ	影	フ	味	画	ペ	キ	ク	び	ギ
猟	ハ	パ	興	書	ン	動	活	興	動	園	品	猟	真	レ	ン
り	喜	絵	グ	魔	キ	陶	ゲ	ー	リ	興	影	園	キ	絵	ク

カナリア	オウム
チキン	孔雀
カラス	ペリカン
カッコウ	ペンギン
アヒル	スズメ
フラミンゴ	コウノトリ
ガチョウ	白鳥
サギ	オオハシ
ダチョウ	

61 - Nutrition

```
ゼ ズ 写 読 撮 リ 動 影 ソ ン 狩 バ イ 喜 園 み
陶 書 画 物 釣 園 び み ル ー 芸 品 ラ ズ 読 芸
画 写 発 カ ロ リ ー 猟 動 ャ ス 読 ク ン キ 書
レ 品 酵 ダ 品 物 芸 プ 影 パ 炭 苦 ゼ ー ス ン
喜 絵 撮 狩 キ 法 狩 ク み 写 水 栄 い 書 動 読
ン ハ ゼ ハ 写 味 物 ン ゼ ン 化 養 園 キ エ グ
園 撮 園 ム ズ 毒 物 ャ 読 動 物 素 重 さ 写 レ
動 シ み ャ ム 素 ル 釣 エ ゲ 興 影 陶 ム プ 興
影 活 び レ 園 園 ル ハ ャ 健 康 品 質 ビ シ 芸
ム キ 味 猟 び 品 園 釣 パ 画 グ 動 ク タ 動 魔
ダ ン ル ル 影 魔 活 シ 園 喜 ャ パ ミ ン 狩
ー 品 エ ズ ダ イ エ ッ ト 食 用 興 ン ン パ ダ
編 ダ 真 味 り 習 園 ル 消 食 み 狩 タ ダ 撮 ク
エ 園 釣 編 活 慣 魔 狩 化 欲 ジ 陶 プ 画 絵 撮
ン リ ラ 法 編 元 イ 物 品 イ 画 読 芸 ム 猟 シ
影 興 喜 芸 キ 気 ン リ ャ キ 画 芸 ダ 動 シ ャ
```

食欲	健康
バランス	元気
苦い	栄養素
カロリー	タンパク質
炭水化物	品質
ダイエット	ソース
消化	毒素
食用	ビタミン
発酵	重さ
習慣	

62 - Hiking

ラ	気	品	グ	絵	書	ク	味	猟	ズ	蚊	品	ラ	ク	プ	撮
グ	候	ラ	品	品	ー	ゼ	物	魔	プ	ー	写	物	グ	リ	ル
魔	興	ズ	ル	猟	自	然	準	ジ	書	影	猟	喜	ル	び	活
ム	ゲ	園	プ	ハ	ジ	び	備	ズ	ゼ	動	物	パ	ル	ズ	ゲ
オ	リ	エ	ン	テ	ー	シ	ョ	ン	ン	リ	ク	ー	真	ガ	物
ジ	水	シ	ャ	写	プ	ン	絵	崖	動	物	芸	ー	品	イ	真
ハ	猟	エ	キ	物	釣	喜	ラ	り	ラ	猟	地	ン	ル	ド	レ
リ	活	ゼ	サ	魔	り	パ	パ	味	猟	芸	シ	図	ハ	ゼ	ジ
釣	り	ラ	ミ	絵	味	び	ゲ	芸	ム	写	釣	キ	ゲ	シ	画
ハ	釣	興	ッ	山	真	法	喜	ン	ン	キ	ズ	編	ム	絵	ラ
ゲ	リ	芸	ト	芸	エ	絵	ゼ	活	喜	ジ	ャ	釣	喜	ツ	り
ー	シ	編	ズ	重	い	パ	ャ	読	影	画	興	ブ	ー	ツ	パ
品	ダ	書	び	ゼ	狩	ン	品	キ	影	陶	書	陶	ゲ	画	園
興	読	太	野	生	絵	園	ゼ	イ	び	写	魔	ゼ	編	ハ	読
イ	エ	興	陽	絵	ー	興	公	園	喜	プ	ゼ	ジ	法	エ	レ
ジ	疲	れ	た	み	ダ	ー	園	編	陶	画	石	ハ	読	動	プ

動物	オリエンテーション
ブーツ	公園
キャンプ	準備
気候	サミット
ガイド	太陽
重い	疲れた
地図	野生
自然	

63 - Professions #1

法味キ銀写ズプライ配狩ズ猟撮ダハ
ムイリ行ハゲ画み釣ジ管写セ真活ャ
看法医家ムびラキゼ興興エー タンハ
護工者ャ読書狩物撮ズシララズプャ
婦ダみ真リ地質学者学理心ー踊り子
び芸真ム書弁護士作学ークラパキゲ
キ法読ハ影撮リ品製ム文キー興読プ
び狩ム影読宝書活図狩び天テャ動プ
パ撮プ釣撮石書ン地園グ画品ムみャ
コーチム芸商音楽家活品絵狩リ大キ
リリみ物ン書キルグ物ル芸リ活び使
リ魔芸ハ味ズ陶シ活シびみズ編イ魔
イレー影び品真エびエーハイ集法味
ハ獣陶ムーンレ編動狩ダび画者編ー
釣医ム品猟魔芸釣び工品魔品狩ーシ
芸猟写ジ編パ画品味ピアニストーキ

大使	ハンター
天文学者	宝石商
弁護士	音楽家
銀行家	看護婦
地図製作者	ピアニスト
コーチ	配管工
踊り子	心理学者
医者	セーラー
編集者	テーラー
地質学者	獣医

64 - Barbecues

ル	ン	味	プ	ゲ	動	ャ	物	ト	ッ	ホ	品	味	動	ゼ	グ
エ	イ	猟	品	ズ	味	ゼ	園	マ	ー	ラ	キ	狩	ル	ゼ	ゲ
み	芸	グ	読	み	喜	シ	ズ	ト	釣	シ	写	ン	グ	パ	グ
パ	芸	ラ	画	味	ゲ	プ	釣	ダ	品	興	エ	編	芸	猟	絵
狩	動	撮	動	動	グ	芸	猟	塩	ラ	音	楽	物	品	ラ
陶	イ	撮	物	友	ャ	陶	書	味	エ	味	ゼ	サ	イ	読	動
フ	イ	ナ	ソ	達	チ	キ	ン	画	キ	魔	写	ラ	写	パ	物
ゲ	ル	ク	ー	ォ	フ	グ	キ	味	喜	野	菜	ダ	シ	物	ゼ
味	ー	ー	ス	シ	み	撮	リ	ゲ	ャ	喜	撮	魔	猟	活	み
エ	グ	ム	ツ	編	影	魔	芸	ダ	猟	ハ	家	族	ズ	グ	ル
食	園	園	読	ム	シ	影	パ	物	書	活	ラ	ラ	グ	興	物
タ	ベ	ク	グ	書	ゲ	活	シ	画	釣	ハ	ゼ	編	撮	エ	ャ
ム	編	物	リ	ン	ハ	り	ル	物	ラ	品	イ	味	飢	餓	ズ
魔	猟	夏	ル	法	芸	ゲ	レ	子	供	達	味	陶	ジ	グ	物
ャ	パ	動	品	プ	ゼ	読	パ	興	レ	影	ダ	ハ	書	物	絵
園	リ	ジ	喜	味	び	芸	ジ	シ	魔	シ	画	ラ	シ	キ	興

チキン　　　　　　　　　　グリル
子供達　　　　　　　　　　ホット
夕食　　　　　　　　　　　飢餓
家族　　　　　　　　　　　ナイフ
食べ物　　　　　　　　　　音楽
フォーク　　　　　　　　　サラダ
友達　　　　　　　　　　　ソース
フルーツ　　　　　　　　　トマト
ゲーム　　　　　　　　　　野菜

65 - Chocolate

レ	ン	グ	キ	酸	ジ	ハ	み	狩	ジ	ラ	喜	ダ	キ	芸	り
品	ハ	活	レ	化	写	パ	写	パ	狩	り	ム	レ	ダ	味	ハ
芸	苦	工	釣	防	陶	書	ハ	ム	活	撮	撮	猟	ダ	魔	レ
書	い	ゼ	み	止	書	品	写	ラ	ズ	真	ゼ	影	魔	読	シ
グ	び	撮	シ	剤	パ	ー	リ	品	び	ジ	リ	書	グ	読	ピ
パ	ハ	釣	パ	シ	魔	ャ	カ	リ	猟	撮	猟	園	味	物	み
イ	工	編	美	味	し	い	カ	編	活	陶	物	グ	味	書	陶
エ	キ	ゾ	チ	ッ	ク	り	オ	狩	味	プ	園	渇	魔	ゼ	ラ
パ	陶	猟	狩	芸	み	ゼ	び	ー	ム	ゼ	影	望	狩	パ	ム
カ	ピ	法	園	イ	ハ	ハ	グ	撮	グ	芸	喜	リ	ン	ゲ	法
パ	ラ	ー	ャ	陶	興	狩	画	狩	ャ	ク	お	動	ゼ	編	品
び	ダ	メ	ナ	品	質	カ	ロ	リ	ー	粉	グ	気	撮	職	猟
ゲ	リ	喜	ル	ッ	真	ラ	ダ	レ	画	砂	ャ	ル	に	人	甘
ゲ	絵	シ	狩	画	ツ	ッ	ナ	コ	コ	糖	工	編	釣	入	い
ル	り	成	活	陶	リ	物	ハ	ハ	イ	読	キ	リ	キ	読	り
キ	猟	分	喜	ハ	ル	ン	プ	リ	読	撮	ジ	レ	影	ゲ	香

酸化防止剤	美味しい
香り	エキゾチック
職人	お気に入り
苦い	成分
カカオ	ピーナッツ
カロリー	品質
カラメル	レシピ
ココナッツ	砂糖
渇望	甘い

66 - Vegetables

```
ハ だ エ ゼ ー ラ ャ ダ ズ 画 エ 園 か ぼ ち ゃ
物 い 編 物 狩 ラ ゼ 狩 プ シ ル シ 読 エ 釣 び
ジ こ ラ キ ゼ 芸 読 グ ー パ 活 り ャ 味 レ 活
キ ん ク ノ 影 ズ レ 喜 書 プ ン ダ ダ ロ レ 活
陶 狩 釣 コ ク み シ 書 品 真 ゼ ン キ ク ッ 狩
キ 真 編 グ ラ ム ク ハ 陶 猟 活 ゲ 園 園 セ ト
写 味 撮 影 物 ル プ 書 物 動 影 ガ 釣 画 ロ マ
パ パ ゲ ゼ 絵 び 魔 ム ル 園 レ ウ 玉 葱 リ ト
ク セ ー グ ダ 動 ア ー テ ィ チ ョ ー ク ウ 撮
茄 子 リ り び ラ ダ ズ み 興 シ シ ワ シ ュ ゲ
興 ン コ ゲ 芸 芸 興 味 画 画 芸 ャ ラ 芸 キ び
ダ 写 ッ エ ニ ン ニ ク 草 活 編 ゲ フ リ み 味
ム パ ロ ム ン ジ 影 に ん じ ん ン リ み イ 芸
ー ン ブ 撮 ー ド ゲ 編 れ カ ブ 動 カ 写 ダ サ
ン 猟 レ 編 読 画 ウ 芸 う 活 真 編 パ 動 芸 ラ
り 猟 パ 陶 グ ラ み ハ ほ ハ ラ グ み び ゼ ダ
```

アーティチョーク	玉葱
ブロッコリー	パセリ
にんじん	エンドウ
カリフラワー	かぼちゃ
セロリ	だいこん
キュウリ	サラダ
茄子	エシャロット
ニンニク	ほうれん草
ショウガ	トマト
キノコ	カブ

67 - The Media

芸活陶ム喜イ編広レシシゼ撮リイズ
レエ個人芸喜び告知的狩喜イ法ル真
ラ魔画猟クリイシ陶編リ動陶ラム
画教育パプ釣ズシ画クプズ真イ味商真真
ジ味興ャ興読書喜釣キゲ画シ業界書ラ
キロシプ画絵興ンレ編ジル真真界キグ
ムプーダ活撮パ編動狩ク法態ググ活グ
物ャクカ芸ゼオクリル撮キ度撮パゲ
動ク事読ルタジデ品影リエ狩芸真
ライ品実活びラ陶動イ法動猟法読
真ゼび興ムグ公真狩品動影ゲル
ル興資ハシ法ダ共影版物猟影読ゲ
レャゼ金オンライン編グ興動リ活ラ
び法ャシ調ル写クグ園芸プ物写園ダ
ゼ編芸ダ読達画通信網意新聞イ撮芸
リ芸興味みり像釣通ズ見園味みレジ

広告	業界
態度	知的
商業	ローカル
通信	通信網
デジタル	新聞
教育	オンライン
事実	意見
資金調達	公共
画像	ラジオ
個人	

68 - Boats

```
ジ 物 ゼ 釣 プ 釣 キ 画 び ゲ ャ 喜 読 ダ 狩 ク
猟 ダ 狩 味 ン プ セ イ ク 影 ャ 物 編 ー イ り
影 プ 芸 写 ー ジ ー カ ン ア ム イ キ 写 喜 猟
撮 リ 釣 ム 味 エ ラ 写 ハ ク イ 読 写 海 興 芸
潮 活 編 動 写 波 ー い み ー 園 活 ブ 洋 ゲ 絵
真 味 プ 園 ン び 園 か 喜 り 絵 絵 イ 動 興 真
ャ ー 魔 活 ゲ ー シ だ 猟 ダ エ レ ズ ハ ム エ
猟 ャ 真 ジ マ ス ト 魔 法 ゼ ャ ゲ ゲ エ 動 ン
ハ パ 味 ゼ 動 ゲ ッ 法 ダ 真 川 園 写 ゼ 狩 釣
り リ び シ イ 動 ヨ 魔 ズ レ リ 狩 ル ャ ャ 釣
り 写 芸 ゲ 陶 キ ロ ー プ 園 画 ジ パ ン 写 ク
真 画 動 ド 魔 エ ム 写 ヌ 陶 編 ャ 撮 活 興 物
グ ク 物 ッ 物 芸 シ レ ル カ ィ テ ー ノ リ イ
画 ッ ル ク み エ ン ジ ン 絵 ゲ シ 書 グ ダ イ
ー ヤ ゲ ー リ ェ フ 湖 絵 陶 読 書 び 写 真 ム
陶 カ 喜 法 ハ ゲ 法 味 陶 陶 キ 画 ル 陶 動 り
```

アンカー	マスト
ブイ	ノーティカル
カヌー	海洋
クルー	いかだ
ドック	ロープ
エンジン	セーラー
フェリー	ヨット
カヤック	

69 - Activities and Leisure

```
ー 物 真 ハ キ グ ル リ 画 グ み 狩 喜 撮 エ ル
エ ジ 陶 園 編 読 陶 び ゼ ン 法 魔 味 ズ シ ボ
釣 影 リ ン パ 画 写 釣 真 キ エ 喜 旅 行 物 ク
ラ リ ゲ キ 画 み グ ン ビ イ ダ り ズ 魔 喜 シ
ゼ 釣 り ハ ー プ ン ャ キ ハ 影 品 影 真 影 ン
狩 影 動 写 ハ 影 シ 編 写 リ 味 ア ー ト エ グ
バ ス ケ ッ ト ボ ー ル 書 読 ラ レ ゴ ラ 絵 リ
ダ ニ 興 サ ラ ラ レ ャ ダ ゼ 魔 興 影 ル 画 み
撮 テ キ ッ 味 り み ラ ジ 撮 サ ー フ ィ ン フ 動
み グ 編 カ み 編 ゼ ジ 喜 画 真 書 キ び ハ ズ
ク 趣 野 ー 釣 影 び ム み 動 ャ リ ゼ ゼ ラ 読
活 シ 味 球 ム リ 品 み イ 画 写 ラ イ ラ 猟 イ
ゲ 書 水 レ 真 真 ム ダ 編 絵 影 リ ラ ッ ク ス
陶 園 泳 バ レ ー ボ ー ル 興 味 エ ジ み み キ
園 芸 真 喜 狩 ム ク ズ 釣 ク エ グ ー ム ズ 書
陶 写 エ ー 釣 釣 ジ 絵 興 物 レ び パ キ リ 味
```

アート	趣味
野球	絵画
バスケットボール	レーシング
ボクシング	リラックス
キャンプ	サッカー
ダイビング	サーフィン
釣り	水泳
園芸	テニス
ゴルフ	旅行
ハイキング	バレーボール

70 - Driving

オ	活	編	キ	活	事	陶	グ	動	影	品	ク	プ	危	険	ン
ゲ	ー	安	全	性	故	シ	猟	イ	ム	ム	ク	パ	狩	真	ャ
画	タ	ト	ン	動	ゼ	読	真	シ	書	興	品	ム	エ	ン	動
写	ー	ハ	バ	陶	ン	品	ャ	エ	レ	ハ	ズ	狩	動	画	レ
画	モ	パ	撮	イ	書	り	猟	園	書	ン	グ	芸	動	ラ	キ
ガ	魔	書	ラ	ャ	ム	ハ	絵	ラ	ズ	真	シ	法	読	ン	写
品	レ	キ	み	ズ	動	法	シ	絵	狩	猟	ル	魔	法	喜	ゲ
速	度	ー	ル	ラ	エ	陶	プ	ク	興	書	ス	園	画	り	リ
真	ゼ	レ	ジ	動	絵	法	物	り	品	読	ト	真	ゲ	ゼ	リ
び	ク	ブ	猟	興	ク	車	ト	ン	ネ	ル	リ	品	真	撮	ル
警	察	法	ク	喜	ッ	ャ	編	喜	燃	陶	ー	シ	り	エ	芸
撮	道	真	編	絵	ラ	イ	喜	ダ	料	ャ	ト	ム	ジ	イ	芸
魔	エ	パ	り	ゼ	ト	イ	活	イ	品	ラ	物	キ	ン	動	グ
ジ	陶	喜	エ	地	交	ク	セ	ジ	み	芸	グ	物	り	ゲ	キ
画	ク	絵	ハ	図	通	釣	ダ	ン	び	芸	読	画	興	陶	ダ
歩	行	者	ル	ク	ダ	品	画	イ	ス	ガ	魔	エ	エ	ン	釣

事故	オートバイ
ブレーキ	歩行者
危険	警察
燃料	安全性
ガレージ	速度
ガス	ストリート
ライセンス	交通
地図	トラック
モーター	トンネル

71 - Biology

ゼ	品	シ	シ	プ	グ	写	ハ	喜	絵	細	釣	ハ	写	コ	シ
ダ	法	ナ	影	ム	写	ズ	読	光	ゼ	胞	活	物	プ	ラ	ズ
ニ	園	プ	絵	活	活	撮	ゲ	合	ゲ	解	ン	撮	園	ー	ハ
ュ	釣	ス	興	園	ゲ	ホ	写	成	質	剖	狩	パ	ル	ゲ	パ
ー	画	芸	陶	味	ー	法	ル	園	ク	学	ゲ	プ	プ	ン	ク
ロ	法	プ	グ	読	動	胚	ラ	モ	パ	ハ	進	喜	書	ク	ャ
ン	魔	味	パ	シ	味	ル	ュ	ー	ン	み	化	エ	物	酵	品
写	り	エ	ダ	み	爬	味	チ	絵	タ	突	プ	リ	活	素	ク
魔	イ	影	芸	ダ	興	虫	ナ	り	ゲ	然	法	書	読	撮	ャ
法	り	釣	ズ	影	浸	透	類	乳	哺	変	キ	喜	リ	み	喜
リ	パ	ン	絵	味	読	プ	び	動	ャ	異	法	ル	イ	興	ー
法	ズ	シ	ル	リ	釣	び	み	ン	レ	共	シ	シ	パ	ー	読
ダ	キ	ン	魔	パ	ー	陶	び	喜	イ	編	生	プ	ズ	細	神
画	狩	喜	読	喜	味	陶	品	み	ャ	魔	編	陶	釣	菌	経
ゼ	ン	釣	絵	り	猟	芸	染	色	体	ズ	レ	喜	び	法	ゼ
編	キ	猟	狩	ハ	芸	ラ	ズ	絵	び	ー	狩	ゲ	ダ	画	画

解剖学　　　　　　　　　ナチュラル
細菌　　　　　　　　　　神経
細胞　　　　　　　　　　ニューロン
染色体　　　　　　　　　浸透
コラーゲン　　　　　　　光合成
酵素　　　　　　　　　　タンパク質
進化　　　　　　　　　　爬虫類
ホルモン　　　　　　　　共生
哺乳類　　　　　　　　　シナプス
突然変異

72 - Professions #2

```
ル 狩 動 ズ ジ ズ 味 品 ゲ 影 ゼ ラ 園 編 ー グ
レ 影 物 ダ ラ ズ 宇 イ ラ ス ト レ ー タ ー ゼ
庭 師 学 ン び ハ ダ 宙 物 芸 猟 ー ジ ハ 写 グ
法 工 者 喜 ン パ イ 影 飛 物 ク リ 喜 パ み ゲ
ク 司 書 パ 写 読 ー キ 芸 行 ゲ 影 魔 狩 ハ り
ー 撮 ク 芸 ジ グ プ 読 芸 興 士 興 ラ び 品 釣
動 芸 動 レ 絵 グ 品 法 法 写 キ エ 法 プ ゲ イ
芸 絵 イ プ イ パ ゼ 影 品 レ 狩 ン イ パ ム ダ
ラ 編 ル ル り ジ ジ ル 探 哲 撮 ジ キ 外 芸 プ
生 物 学 者 学 語 言 ー 偵 学 猟 ニ み 魔 科 活
物 先 撮 明 ゲ 歯 医 者 農 者 画 ア パ 編 画 医
影 猟 動 発 園 パ 活 シ 家 パ 家 ム 釣 イ 影 み
喜 パ イ ロ ッ ト シ 動 真 び 物 び 画 ャ 釣 写
絵 ゲ 絵 ク イ ル ン 動 写 ハ イ パ ン イ 釣 ダ
医 師 影 ズ 編 シ 喜 パ リ 画 ゼ ズ 喜 編 リ 撮
活 ズ 魔 興 撮 ジ ャ ー ナ リ ス ト 園 キ 芸 キ
```

宇宙飛行士　　　　　　司書
生物学者　　　　　　　言語学者
歯医者　　　　　　　　画家
探偵　　　　　　　　　哲学者
エンジニア　　　　　　写真家
農家　　　　　　　　　医師
庭師　　　　　　　　　パイロット
イラストレーター　　　外科医
発明者　　　　　　　　先生
ジャーナリスト　　　　動物学者

73 - Mythology

```
神々猟キ釣活ダヒ活編絵園ダ天書シ
雷編物編影興文ーリキ魔動読園国園
り魔ムク釣化ロダ味クジ園グ動釣
動ジ編狩エ編ゼーイダ猟画不死園シ
リりゼ芸モ物絵書真ジ絵物園クゼハ
稲妻グリーエグ撮品読猟プレ真ズ園
ルモ復ハタ読釣書エりダ原ゼ猟びレ
プン讐みルイ生ラャ品型ゼ信みレ芸
りスンリビラりき狩法動動ズ念ルレ
ズタパ編ル戦品物喜り興喜写品釣猟
ムー絵魔法士興編芸味編りび写ンレ
パグ芸グ園プ読クレ災害画シ作芸
絵ジハズ園読ズリ影活ハ物ゲ写成ャ
ゲ編伝真芸ン品猟ダ法狩パ芸レハ書
動嫉妬説行ラシム味書プ猟狩パグ絵
キシ撮写動キハび法シルみ陶ク品園
```

原型	不死
行動	嫉妬
信念	ラビリンス
作成	伝説
生き物	稲妻
文化	モンスター
神々	モータル
災害	復讐
天国	戦士
ヒーロー	

74 - Agronomy

```
ジル撮興一農真レハ法ャク成パ狩び
生影活物レ業シエネルギー長プダプ
態動陶ダ園ジシプ品ズ品物プ野菜狩
学法パみ画ジ写釣ム肥ャ読りダ侵食
システム喜法リエキ芸料影プ興環パ
ジグク陶ー釣猟シ喜釣ームプエ境動
読魔ハラ撮ラ科学田グ書芸パレ品活
び動び活クパダ釣舎真興ム活書ズン
動読イ編撮芸芸編生ム工真食ルムー
びり影ャ狩狩影興産ーハりベラ撮エ
芸キリズ病プ芸読釣ハキ有物植猟ル
法編狩パ気シラルリ書エレ機リ興イ
種ー物物動シ喜ハクムゲシル影ダ猟
編子書真魔汚染レ喜シ動味芸ムンび
勉強グゼ猟活水園画びー真園パ絵猟
画芸陶ジム品絵興園釣ルゲ読法プ編
```

農業	植物
病気	汚染
生態学	生産
エネルギー	田舎
環境	科学
侵食	種子
肥料	勉強
食べ物	システム
成長	野菜
有機	

75 - Hair Types

```
ク ジ グ 喜 カ グ 画 パ 書 イ 読 カ ー ル ャ 書
ゲ 喜 リ 釣 ー グ 釣 物 レ イ 薄 シ ャ イ ニ ー ジ
味 喜 ゲ 品 リ 釣 ゼ 書 芸 陶 い 厚 真 ハ 陶 ジ グ
猟 ム ム ゼ ー レ 撮 活 写 写 短 絵 び 魔 芸 グ 影
影 物 ド 影 ー プ 撮 魔 興 び リ ジ ク 画 書 影 レ
釣 芸 ラ ソ 絵 影 写 ー レ 茶 書 白 釣 画 画 パ レ
真 喜 イ フ 陶 味 物 陶 撮 芸 色 い レ 園 ブ ブ ロ
ハ 釣 ハ ト ク ク み イ ハ 魔 キ ン リ 狩 ラ ブ ン
味 陶 ル 狩 リ 品 絵 味 法 り エ 書 画 画 ッ ロ ド
狩 動 ズ ラ 撮 エ 読 影 ハ 園 撮 ム 動 有 ク ン 書
興 ル ャ 影 興 び 銀 ム 魔 ム 写 写 パ 色 ク ド 撮
読 影 ゼ 元 ダ ャ 釣 ズ ゼ ム 喜 プ ム 撮 み 書 撮
撮 味 画 物 気 芸 エ 魔 物 編 写 ン ー ャ ャ ー
陶 プ 喜 釣 禿 活 ゼ イ 芸 画 ャ 品 味 味 り 法
プ キ び 読 魔 頭 皮 グ レ ー ダ 動 み 編 つ 三
グ び 真 グ 品 猟 編 ク ラ 喜 書 動 法 組 活 物
```

ブラック	グレー
ブロンド	元気
編組	頭皮
三つ編み	シャイニー
茶色	短い
有色	ソフト
カール	厚い
カーリー	薄い
ドライ	白い

76 - Furniture

画魔撮画編真絵クッモンハ陶法エル
机アームチェアッ画品シズム編動動
エャイ真活イりシ動書レソファ味画
品パ芸写園本園ョグ物ハイ猟法撮活
ハゲリレ読棚興ン法ラ物レ布グ書真
グシ画影物芸味テ鏡絵ズキ編団興ク
グ興法撮ジ枕喜ーサッレド掛ゼ活動
ゼプラゲ画活動カグ釣物狩猟け絵ゼ
ー写ン法書椅味シーみラハンプ書団
ダエプ戸棚子りびゼ興リグ写シグ画
レ猟ル陶興イレ味ン動ゲグ陶ラプみ
り撮画味マ真写ダ影びズラ猟レラド
ラ影ンプッ品動ム影リラ影ゲベッド
ャジク動トム画り品エ動真み読ベシ
プー魔猟レ陶リ陶興園興キパ書ン法
リゼ撮みスラハ芸エパパジ影釣チ撮

アームチェア	カーテン
戸棚	クッション
ベッド	ドレッサー
ベンチ	布団
本棚	ハンモック
椅子	ランプ
掛け布団	マットレス
ソファ	ラグ

77 - Garden

熊	ダ	ハ	狩	真	魔	ー	ハ	動	活	ム	プ	猟	物	ト	ゼ
レ	手	ー	ゼ	喜	陶	ャ	ム	パ	ャ	エ	ジ	画	興	ラ	木
エ	ダ	ラ	喜	品	レ	レ	ー	プ	ハ	ラ	ク	ッ	モ	ン	ハ
ジ	レ	釣	活	イ	品	影	撮	撮	エ	撮	物	ク	活	ポ	ゲ
活	エ	園	ゲ	グ	陶	リ	ズ	シ	び	ャ	物	庭	リ	リ	読
ゼ	法	猟	芝	リ	動	品	ル	物	喜	ー	ハ	読	イ	ン	ズ
岩	ラ	り	生	イ	絵	ゼ	ベ	影	ル	物	ハ	喜	陶	パ	パ
絵	真	キ	ダ	ム	魔	パ	ャ	ル	影	み	釣	魔	リ	パ	影
ダ	池	ズ	ク	狩	ブ	ッ	シ	ュ	ズ	釣	ゼ	物	び	陶	ャ
ホ	ド	び	キ	ゲ	ジ	画	画	喜	ダ	編	ズ	撮	陶	花	キ
チ	ー	ポ	ガ	レ	ー	ジ	釣	レ	ゼ	品	影	芸	動	キ	ラ
ン	ャ	ス	ラ	テ	プ	ー	物	ゼ	ム	り	み	画	エ	グ	草
ベ	チ	ャ	り	パ	喜	み	芸	ズ	レ	ズ	真	ゲ	リ	興	雑
写	ー	フ	ェ	ン	ス	リ	エ	釣	り	び	喜	法	プ	活	ル
ラ	オ	ゼ	動	写	ー	味	絵	パ	画	味	ャ	影	猟	び	猟
動	書	物	品	ー	魔	エ	ズ	ズ	キ	エ	動	グ	ル	園	ジ

ベンチ	オーチャード
ブッシュ	ポーチ
フェンス	熊手
ガレージ	シャベル
ハンモック	テラス
ホース	トランポリン
芝生	雑草

78 - Diplomacy

ン	人	編	ク	魔	正	解	猟	釣	魔	ラ	ル	興	ク	魔	真
喜	道	釣	ル	ャ	義	像	書	み	イ	猟	猟	び	ゼ	キ	対
ン	主	ル	物	釣	み	度	イ	協	カ	キ	撮	読	ズ	絵	立
ャ	義	コ	キ	園	狩	レ	り	議	芸	ル	ジ	ジャ	顧	シ
び	者	ミ	動	ラ	エ	み	ゲ	書	論	魔	真	ゼ	レ	問	ム
倫	ハ	ュ	キ	画	ゲ	キ	書	読	ズ	リ	ジ	喜	活	編	市
ン	理	ニ	プ	読	エ	法	プ	政	府	狩	動	魔	影	シ	民
ジ	グ	テ	味	狩	ク	シ	ラ	興	活	キ	シ	読	ゼ	プ
ラ	真	ィ	シ	り	品	シ	リ	外	交	法	猟	品	動	猟	ャ
ル	陶	ー	影	り	狩	写	喜	イ	猟	ル	写	絵	シ	写	み
編	キ	安	全	読	ゼ	エ	み	芸	政	治	真	び	ビ	解	ー
物	条	約	ゼ	画	魔	動	シ	ラ	喜	ル	ダ	ー	ッ	決	画
大	釣	リ	狩	釣	ゲ	み	釣	整	ム	ジ	み	み	ク	ハ	陶
イ	使	大	り	動	釣	み	真	イ	合	み	狩	真	狩	動	エ
園	ダ	館	リ	書	喜	興	品	パ	影	性	ク	み	書	シ	魔
猟	猟	真	活	猟	釣	興	魔	ラ	書	編	ー	味	書	芸	パ

顧問	倫理
大使	政府
市民	人道主義者
シビック	整合性
コミュニティ	正義
対立	政治
協力	解像度
外交	安全
議論	解決
大使館	条約

79 - Countries #1

ラ	ポ	活	ジ	釣	園	ゼ	キ	狩	絵	猟	ジ	イ	ス	ゼ	ラ
レ	ー	ン	ダ	興	ゼ	エ	読	エ	陶	画	狩	法	ペ	ハ	ト
ダ	ラ	エ	ズ	ネ	ベ	ド	イ	ッ	プ	エ	ハ	イ	興	ビ	ビ
狩	ン	画	品	真	画	り	イ	影	画	キ	陶	ラ	ン	興	ア
ノ	ド	興	び	ブ	ゼ	ハ	ス	魔	パ	写	り	芸	真	エ	ニ
パ	ル	ゲ	ク	ラ	イ	芸	ラ	魔	ク	影	リ	グ	物	ャ	マ
陶	ゼ	ウ	ゲ	ジ	セ	ハ	エ	園	編	品	シ	興	ズ	キ	ー
エ	ダ	ク	ェ	ル	モ	ネ	ル	パ	イ	び	興	ム	イ	ン	ル
ー	真	味	ム	ー	フ	ロ	ガ	イ	編	パ	ナ	マ	絵	喜	書
エ	ジ	プ	ト	プ	ィ	ル	ッ	ル	ニ	カ	ラ	グ	ア	ハ	ハ
ム	パ	絵	活	グ	ン	り	編	コ	ベ	ト	ナ	ム	リ	ャ	カ
絵	ル	陶	絵	ン	ラ	品	喜	み	ラ	狩	書	芸	タ	ク	ナ
び	グ	び	動	ク	ン	ゼ	リ	編	猟	レ	撮	エ	イ	喜	ダ
び	ジ	活	撮	び	ド	シ	ビ	キ	読	活	絵	ズ	ム	写	ゲ
ー	ル	シ	ラ	絵	ク	シ	ア	狩	物	レ	ル	ク	り	り	ゼ
魔	ャ	陶	ク	ル	釣	レ	喜	び	芸	ダ	ズ	グ	ク	陶	ハ

ブラジル	モロッコ
カナダ	ニカラグア
エジプト	ノルウェー
フィンランド	パナマ
ドイツ	ポーランド
イラク	ルーマニア
イスラエル	セネガル
イタリア	スペイン
ラトビア	ベネズエラ
リビア	ベトナム

80 - Adjectives #1

```
ク魔ゼ法リエ真品プ編び影喜びみ写
深ゲ真写園ルプム読薄喜みゼり興ジ
刻ャ影り写パ動法物グいグズ写物物
ンリ物興ダ画書写び野レ絵ズ釣プズ
園品イ真味狩キ猟ャ心ゼ編キ影綺猟
狩編芸物喜びルゼ味的ン巨び写麗ム
ラ写動ゼ撮み写読キ狩ゼ大キ陶なキ
猟興味写魔陶グムャ編りな興ゲ大ク
園画ゲリびャン影動ゼ影編キモ寛レ
ハン工味法撮ハ編活ハ工物プダジ法
編写釣シ真味ムプクグャクン写狩
味リプャ絶対絵クハッピークム芳喜
パ物レ芸術的ズ画書チ撮シラ興香プ
編り興釣ーャ動クンゾシ遅レ喜族写
ン味猟ャ興同狩魔画キ工書い正狩暗
貴重魅力的絵一芸絵工画要重直ダい
```

絶対	重い
野心的	正直
芳香族	巨大な
芸術的	同一
魅力的	重要
綺麗な	モダン
暗い	深刻
エキゾチック	遅い
寛大な	薄い
ハッピー	貴重

81 - Rainforest

興レ自ズ撮哺先住民族影ル生ラ芸レ
エレ然ルク乳真ク猟プ読編存ズ虫ダ
読絵工陶ゲ類法編鳥真魔法み物書釣
真影絵興動興ム真動狩写釣画種パ読
ゲズりイ芸ジリ画ジ猟シイ貴重狩ク
編動ゲャ狩グ写狩コミュニティ尊敬
イ味ムズ魔気真イ苔動ラ写ズゲび
グ陶影避絵喜ャ候キ動両喜ャリ影雲狩
編ハ難ダシ復レエル生狩びャり真喜
ジゲ植ラ品イ元釣真レ類多保法ハプ
エャ物り喜猟ハ園写釣様書存シ興陶
ー活ンび写陶猟園猟ャ性猟シ興キ
ルジ編グムー陶喜ジシ書猟陶みン
プ喜ハ動ル品ジエジ物レ書エーーン
ズ物ク味み影エリ物釣ゲ撮喜書グ活
プゼー一釣ャ品り編画活ラ影狩ラ狩

両生類	自然
植物	保存
気候	避難
コミュニティ	尊敬
多様性	復元
先住民族	生存
ジャングル	貴重
哺乳類	

82 - Global Warming

芸 み ム 撮 書 真 法 環 動 編 絵 釣 リ 園 エ 危
ン パ キ 画 興 真 ダ 境 喜 写 影 ズ 真 注 ネ 機
書 写 プ 魔 ゲ 狩 リ キ 喜 真 猟 味 意 ル プ
活 活 撮 り 真 物 ズ 撮 狩 魔 み パ 北 ギ ラ
エ ジ 狩 喜 味 活 ゼ 動 編 ハ ダ ダ 極 ー パ
ゲ り ン ジ 品 ム 真 品 動 イ 動 り 読 釣 味
発 ゼ 影 ジ ゼ リ 猟 ム ラ ク 温 度 味 プ ク 味
ー 達 ン 味 ダ 活 イ 陶 編 動 ー 興 シ ク 物 動
生 息 地 撮 品 デ プ パ 今 政 撮 活 イ 狩 ジ ム
書 ル ラ 芸 魔 写 ー シ 撮 府 画 写 ゲ 編 ン 読
影 陶 ゼ ラ 狩 人 陶 タ 撮 ク 読 ゲ 品 国 喜 園
り ダ 味 リ 法 ロ 書 未 ズ プ 法 ガ ス 際 み 品
ム イ 法 シ 興 釣 ル 来 写 ダ 律 プ ダ 気 ャ 魔
世 代 動 猟 活 興 ジ リ ク 魔 科 ズ ダ 候 ー リ
編 業 品 影 画 魔 シ 喜 ダ ラ 魔 学 み び 読 釣
画 活 界 魔 ク 絵 芸 シ ジ 興 興 者 法 狩 シ エ

北極	世代
注意	政府
気候	生息地
危機	業界
データ	国際
発達	法律
エネルギー	人口
環境	科学者
未来	温度
ガス	

83 - Landscapes

ビ	ク	パ	リ	レ	レ	ラ	び	芸	イ	園	撮	園	絵	谷	品
ー	び	影	キ	ズ	み	ル	写	猟	ゲ	影	エ	び	興	オ
チ	興	ャ	書	エ	ャ	ラ	書	ム	ム	絵	書	釣	シ	喜	ア
間	沼	火	山	読	ン	喜	物	ャ	リ	リ	プ	キ	喜	ジ	シ
島	欠	陶	写	味	み	魔	び	イ	芸	ゲ	画	海	洋	川	ス
半	ー	泉	興	レ	ゲ	写	り	猟	ハ	園	ラ	グ	法	リ	物
エ	洞	み	ダ	ン	ル	物	ム	ダ	ル	レ	ラ	シ	ハ	び	撮
ル	窟	味	陶	砂	書	ン	み	魔	品	グ	園	法	猟	真	味
ツ	ン	ド	ラ	漠	ン	ー	興	喜	リ	園	ン	ジ	ゲ	釣	影
ー	陶	魔	活	園	猟	読	絵	絵	編	猟	陶	真	パ	動	物
ー	ク	真	シ	法	真	影	グ	猟	猟	山	興	狩	絵	釣
エ	ル	芸	影	イ	ゼ	品	ル	書	湖	河	氷	影	び	キ	ク
法	品	撮	ラ	書	び	撮	魔	レ	動	絵	画	イ	ル	撮	書
活	ハ	シ	活	グ	釣	釣	レ	ャ	ジ	物	海	陶	ン	び	興
り	レ	撮	プ	キ	写	味	物	魔	書	法	レ	丘	パ	興	ャ
活	陶	滝	狩	ク	書	ム	レ	キ	真	ム	リ	エ	読	り	シ

ビーチ	オアシス
洞窟	海洋
砂漠	半島
間欠泉	ツンドラ
氷河	火山
氷山	

84 - Visual Arts

品	写	猟	絵	イ	画	品	物	法	ゲ	ハ	ル	グ	書	パ	書
写	ル	真	ハ	パ	喜	魔	ハ	映	画	グ	ス	レ	プ	ー	陶
ン	ゼ	陶	器	パ	真	ク	彫	刻	ル	写	テ	創	炭	ス	読
ア	ー	ティ	ス	ト	ー	レ	ト	ー	ポ	ン	造	ジ	ペ	編
り	イ	傑	作	ペ	動	ョ	ワ	ッ	ク	ス	シ	性	動	ク	芸
ャ	ラ	陶	ラ	ル	ン	チ	ダ	ジ	活	撮	ル	陶	編	ティ	ラ
魔	編	ル	ク	活	撮	シ	ジ	ム	み	ゲ	ル	興	画	ィ	ゼ
イ	び	ー	ラ	ル	ル	み	ー	読	絵	絵	鉛	み	キ	ブ	み
プ	ハ	ク	り	物	グ	エ	活	法	味	物	筆	び	イ	び	み
魔	グ	興	エ	釣	エ	品	ハ	エ	法	釣	ャ	品	ゼ	ゲ	ム
ダ	エ	魔	グ	粘	土	陶	ム	物	書	狩	影	ハ	エ	ズ	ハ
ャ	猟	撮	び	釣	ハ	エ	園	絵	画	喜	パ	書	活	喜	法
り	品	ゼ	動	ゲ	芸	ー	魔	び	物	ハ	釣	写	レ	真	味
構	影	動	物	喜	物	パ	ー	ハ	真	書	エ	ズ	ハ	び	ム
陶	成	物	書	魔	シ	影	園	ズ	画	建	築	ャ	猟	絵	エ
ハ	ゼ	画	ジ	法	釣	キ	ル	猟	活	ン	猟	ル	ジ	ゲ	イ

建築	ペン
アーティスト	鉛筆
チョーク	パースペクティブ
粘土	写真
構成	ポートレート
創造性	陶器
イーゼル	彫刻
映画	ステンシル
傑作	ワックス
絵画	

85 - Plants

味	び	ム	法	ズ	活	シ	ム	釣	生	植	花	ル	読	ルゲ
ゲ	ャ	プ	パ	ー	魔	レ	陶	書	真	物	ン	グ	興	ムり
ャ	レ	グ	ク	草	絵	プ	み	撮	リ	学	レ	撮	蔦	レゲ
ャ	画	ジ	ゲ	ベ	リ	ー	絵	ク	レ	物	ク	読	ジ	豆読
釣	興	ジ	ャ	グ	園	園	法	苔	リ	り	画	花	ジ	リダ
森	品	影	ゲ	品	グ	レ	動	グ	キ	シ	陶	影	弁	ジ編
喜	撮	プ	写	法	ャ	園	法	ラ	画	画	品	ム	ラ	ハ喜
ゼ	活	ハ	狩	サ	影	パ	グ	影	魔	活	ル	活	イ	ムラ
興	喜	ズ	ル	エ	ボ	品	ク	ラ	ズ	パ	物	び	法	編キ
ダ	ン	ル	肥	料	釣	テ	シ	陶	園	芸	撮	ク	味	ーャ
フ	ロ	ー	ラ	魔	竹	品	ン	園	シ	レ	撮	品	イ	庭編
ン	ダ	ジ	活	キ	み	魔	ダ	活	ジ	グ	レ	び	喜	芸芸
陶	び	プ	魔	プ	書	画	ル	書	ゲ	絵	猟	ー	ダ	読ゲ
法	写	活	絵	絵	ダ	ャ	ブ	ッ	シ	ュ	ズ	み	ラ	読
ャ	味	パ	イ	シ	ャ	猟	リ	葉	ン	び	根	ハ	品	編撮
プ	撮	読	芸	読	喜	木	真	リ	ラ	ン	茎	影	興	興書

ベリー 　　　　　　　　肥料
植物学 　　　　　　　　フローラ
ブッシュ 　　　　　　　花弁
サボテン 　　　　　　　植生

86 - Boxing

```
ゼ ラ ジ 喜 プ 興 真 ゼ プ レ 園 物 魔 パ 写 フ
フ ポ イ ン ト イ 絵 グ 陶 み び ズ り 喜 キ び ォ
釣 猟 画 ン ル 陶 活 ズ シ リ プ ゼ 魔 ム 読 ー
絵 パ ク 味 ダ 絵 写 ダ キ 真 シ 品 ズ 写 芸 カ
法 び 撮 怪 り ダ 釣 回 復 り 活 真 グ み 体 ス
影 ジ 喜 我 ゲ 絵 魔 影 絵 陶 活 ー り ズ 手 相
陶 レ シ 法 ム 強 さ 法 リ エ 芸 ャ 釣 り 袋 シ
ー 芸 ジ ム び グ シ 絵 書 ン 狩 真 ャ ジ 顎 イ
品 物 陶 ゲ 編 拳 書 エ 法 疲 れ た 動 絵 法 ャ
ゲ ム 魔 編 味 動 イ り 魔 キ 喜 ダ ャ キ エ シ
興 び 書 り 動 味 ゼ レ リ ク 影 ー 芸 味 レ 写
芸 エ ス 書 ゲ レ ラ キ 写 法 り び 芸 喜 リ
シ 猟 撮 キ リ 芸 シ 撮 ム ッ 動 び 園 ロ 動 レ
み 肘 グ ン ル 陶 プ 興 ャ キ ク ー ナ ー コ 書
戦 闘 機 芸 ル ク 読 ズ ダ 絵 真 審 判 プ 写 パ
び 活 真 り レ ダ ム ー ラ び ベ ル 陶 ン リ シ
```

ベル	相手
コーナー	ポイント
疲れた	回復
戦闘機	審判
フォーカス	ロープ
手袋	スキル
怪我	強さ
キック	

87 - Countries #2

キ	日	陶	ル	イ	物	み	活	ダ	ー	影	物	ロ	工	興	び
猟	本	パ	ハ	リ	絵	キ	ラ	ゼ	書	編	コ	シ	キ	メ	パ
活	陶	ー	グ	リ	喜	チ	ム	ラ	猟	真	ラ	ア	ル	写	読
エ	チ	オ	ピ	ア	ナ	イ	ジ	ェ	リ	ア	絵	ニ	書	芸	物
ズ	動	プ	撮	リ	プ	ハ	味	画	芸	影	書	バ	パ	ジ	キ
レ	バ	ノ	ン	シ	ベ	ダ	ー	レ	パ	み	ハ	ル	ー	パ	ネ
画	ラ	イ	ダ	ク	品	リ	シ	動	ャ	キ	味	ア	ク	写	キ
ゼ	陶	ク	ー	マ	ン	デ	ア	び	イ	カ	ス	オ	ラ	ャ	味
真	グ	動	ス	パ	レ	影	動	狩	陶	イ	ル	タ	画	撮	編
プ	ー	釣	シ	品	芸	読	パ	読	ソ	マ	リ	ア	ン	真	動
ゼ	真	猟	真	書	画	び	法	芸	ズ	ャ	ル	り	園	ズ	園
法	リ	撮	ン	芸	ギ	リ	シ	ャ	ハ	ジ	影	狩	レ	写	真
読	ジ	グ	エ	絵	パ	編	活	ウ	パ	ル	ゲ	り	み	狩	ャ
動	レ	絵	グ	動	書	ハ	パ	編	ガ	ラ	ャ	び	物	魔	シ
釣	読	活	エ	び	ダ	園	ク	品	動	ン	ウ	ク	ラ	イ	ナ
影	ム	動	編	ゲ	魔	ダ	絵	ン	ム	エ	ダ	喜	ー	絵	パ

アルバニア	メキシコ
デンマーク	ネパール
エチオピア	ナイジェリア
ギリシャ	パキスタン
ハイチ	ロシア
ジャマイカ	ソマリア
日本	スーダン
ラオス	シリア
レバノン	ウガンダ
リベリア	ウクライナ

88 - Ecology

```
写撮リび絵猟ル魔コグローバル旱ボ
ャ絵りソル自ズラミジ陶ゼ法工魃ラ
園工真園ー然喜ーュりエ影真リジン
グリズ釣園ス陶ロニチレ釣園芸書ティ
ハラ法撮味写ゲフテラナ生息地編ィ
生味読キ編狩グレィりイレ動りみア
存動パ真猟レ猟興物写グ動猟喜喜撮
キ喜猟猟喜イン園読ーズ陶み釣喜喜
プクズリパ動キプズ猟ク喜魔活キ絵
マリン興ズ持グ法気候プレ芸陶ラ猟
パ陶撮ーリ続釣ル興生書相味リズリ
動真ムジゲ可狩り撮ル植物釣工法写
動ダ絵みパ能マーシュ真動クム品種
リム編編画リ芸ン物山真法書シ書影
クパ画法写ラズ物写シグ多様性絵び
園絵ダル物パびゼン喜影園ジ喜真猟
```

気候	マーシュ
コミュニティ	ナチュラル
多様性	自然
旱魃	植物
動物相	リソース
フローラ	生存
グローバル	持続可能
生息地	植生
マリン	ボランティア

89 - Adjectives #2

```
法喜陶ゼジ物読猟レギ画陶物エクル
書ジゼ味キシ面白いフク喜編品リ物
絵影ダりエラ書ホ辛テ真グ編味エゲ
味イゼ読読真ンッ塩ッみ画誇影イル
動り生産的法味トードル魔りルティ釣
ライ野トらび絵エイ真ダズ書有名ムン
オーセンティックイイ責り味名ブンル
ャムンガ眠ナチュラル任キイな法ル
読読品レ活い編狩ドレ者ズ魔法シム
ャ猟エエダ真でり園ゲズズ味魔ゼ芸
ハグ編みびズりすみキ書興芸読元釣
法ぜり写強品ライ魔読陶園撮キ気ゲ
動キハ物い新動空園説動ゲーンズ園
ャ編ハ釣撮物着イ腹明ン画ズみび狩
キ真喜園園芸キ喜ク編活編書プ編グ
ー絵ダルびル書ダ魔ハびーク法エ味
```

オーセンティック	面白い
クリエイティブ	ナチュラル
説明	新着
ドライ	生産的
エレガント	誇り
有名な	責任者
ギフテッド	塩辛い
元気	眠いです
ホット	強い
空腹	野生

90 - Psychology

```
エ ジ 問 陶 園 法 ル り キ 法 真 絵 キ 編 行 エ
真 編 題 み ャ ラ み 釣 喜 ハ 撮 ク リ ハ 動 画
ズ 真 物 ー 興 ズ パ パ 夢 芸 レ 喜 シ 感 覚 ジ
ク 園 思 ゼ ム 撮 ア イ デ ア パ 治 療 認 ャ
撮 陶 考 ゲ り ン 評 書 ハ ダ ハ イ 真 興 子 知
ジ 品 リ 芸 ー レ 価 画 ー 書 ム ク 釣 真 供 リ
ゲ ハ ハ 園 品 エ レ 魔 プ レ シ 動 園 の 狩
ジ 自 影 芸 ャ 影 活 影 現 猟 ズ 動 品 ャ 頃 興
エ 園 我 芸 キ 物 芸 ジ 実 ゼ パ 活 シ み 書 ゼ
ン ー 書 り 品 影 読 ゲ ジ び 品 ク リ み リ 物
ム 対 ゼ 無 プ 臨 ン 狩 真 イ 品 興 ダ ゲ 狩 喜
感 立 影 意 リ 床 み ズ 動 画 陶 リ 真 活 ゲ レ
経 情 ル 識 思 喜 ム ル ジ シ ャ 釣 法 シ 狩
験 知 び み い ム 書 真 パ 狩 猟 編 パ 読 法
プ 覚 書 ル 出 び 魔 魔 ゼ 喜 味 レ リ ャ ゲ ル
ゼ グ 園 編 影 響 プ 画 ン キ 興 ゲ ダ ダ 書 動
```

評価	影響
行動	思い出
子供の頃	知覚
臨床	問題
認知	現実
対立	感覚
自我	治療
感情	思考
経験	無意識
アイデア	

91 - Math

撮 ル 読 半 猟 ジ 興 法 エ ム 多 ジ ー 分 読 ダ
喜 プ ク ハ 径 み 編 び 画 度 角 陶 撮 数 指 写
シ シ イ リ パ レ ャ 写 画 園 形 グ キ 小 ボ 釣
ー 画 レ リ 味 撮 ダ 猟 動 品 ジ 真 ン ム リ ー
ハ ー ム 魔 プ エ シ ム ャ 写 ー 影 編 法 ュ ダ
パ み キ 画 ャ ズ リ 読 品 ハ 編 グ 品 キ ー パ
ダ 真 シ 真 直 り ム 動 法 幾 リ ン ン ゲ ム 編
ダ 芸 ク 写 径 び パ 園 ャ 絵 何 イ り 興 興 狩
芸 シ ジ 方 程 式 平 行 四 辺 形 学 書 キ ゲ グ
味 ジ み 喜 ー ル 喜 読 陶 ジ ク み イ 画 動 イ
パ 狩 園 囲 円 画 影 物 ゲ 数 リ グ パ 書 ル ハ
ー エ キ 活 周 釣 写 物 イ 字 書 興 ク レ エ み
び ー 対 ラ ャ 影 陶 び 影 猟 平 三 角 形 絵 法
味 ラ 称 り 魔 み 編 ラ 書 味 行 び イ 書 編 芸
算 ク 興 活 リ ク イ ン ジ 活 矩 形 和 味 ジ り
術 影 芸 撮 ジ 物 写 園 ム 影 影 グ び ム ラ 活

角度	平行
算術	平行四辺形
円周	周囲
小数	多角形
直径	半径
方程式	矩形
指数	対称
分数	三角形
幾何学	ボリューム
数字	

92 - Water

味ダ物パイシ間洪魔雪蒸気釣活シシ
狩ゲ真動釣ャ欠水陶動影魔影釣ク活
ラ法品品氷ワ泉りびハズダエラ興真
写ダャ灌喜ー川水品ャャ動プ影ハゼ
魔ズ絵モ漑書み分プ編品ジ湖海エ
ダ狩クン蒸ダパ園シ釣影物物イ洋パ
写パレス発ダ書クズ読びダ湿度画ラ
撮リ画ーャ絵ラ編プ動ズムダルシ法
読魔魔ンイャ狩雨パダ写編ャ魔ダ影
りハシーりグン狩みャプ魔動ゲ喜ズ
猟園ーケ絵ークグ品喜ジ編書真クみ
ジゲゲリム撮猟陶運書ジ芸ダー物編
湿ったハび動プキム河グ芸撮ク読び
動ダ狩画撮品真物編味り真クキハゲ
猟真波編プ魔写画ゼ物ハル園真ハル
ムイ物写シ写ダルク興喜霜キ活味ゲ

運河	灌漑
湿った	水分
蒸発	モンスーン
洪水	海洋
間欠泉	シャワー
湿度	蒸気
ハリケーン	

93 - Activities

狩	芸	画	真	撮	ー	編	真	ク	ゼ	喜	ゲ	ト	キ	写	グ
イ	芸	ダ	プ	レ	喜	み	物	法	み	レ	ズ	ー	魔	真	シ
狩	猟	レ	ジ	ャ	ー	物	真	エ	ク	書	キ	ア	ム	撮	プ
ハ	イ	キ	ン	グ	法	画	ム	ル	品	縫	ャ	園	ラ	影	ム
魔	グ	ャ	ム	り	ー	ゼ	ャ	編	ズ	製	ン	り	ジ	編	興
興	園	芸	パ	釣	ル	ジ	ズ	り	ャ	味	プ	動	芸	影	キ
読	味	喜	び	り	陶	園	読	み	ク	ズ	エ	ダ	芸	魔	り
物	品	釣	ダ	ン	シ	ン	グ	ス	味	魔	芸	品	ー	画	法
ゲ	ジ	芸	ズ	ョ	味	釣	ー	キ	ャ	読	ズ	ジ	プ	ゲ	り
読	書	イ	ダ	シ	魔	品	ゼ	ル	読	猟	イ	り	ー	み	り
イ	レ	び	狩	ー	ム	ズ	パ	ン	真	釣	ク	み	園	釣	魔
影	り	ム	み	ゼ	品	グ	読	ル	釣	活	ク	品	猟	ダ	読
り	パ	ゲ	ダ	ク	ル	影	エ	芸	品	グ	狩	味	影	釣	シ
物	陶	シ	ン	ラ	び	真	グ	画	陶	ラ	び	ー	動	編	写
活	動	編	イ	リ	園	法	園	ル	ズ	ゼ	芸	シ	芸	ハ	ル
編	ズ	ル	喜	書	動	ゲ	撮	キ	リ	芸	興	品	編	影	ム

活動	興味
アート	編み物
キャンプ	レジャー
工芸品	魔法
ダンシング	写真撮影
釣り	喜び
ゲーム	読書
園芸	リラクゼーション
ハイキング	縫製
狩猟	スキル

94 - Business

編法リ猟商喜マハ一画お撮プ読店動
パみダリ魔品ネ狩び画金ハゼシーラ
ルパキ法エプーグび学税撮び絵エ物
ャラ活撮ゼ読ジ動ゼ済ダ活芸芸ン活
興陶金融ズ編ャイレ経味リ物釣キ物
ゼ法シャ真物一影ャ歴ムル画絵ゼム
ゲク法パ読興ンプ影絵読釣シレキ芸
園真画イ読園影陶釣ジハ動絵魔猟品
編ャ釣編釣撮ハ物猟読読物品猟ゲ割
エ活品興ククレ猟リダ味み釣ンャ引
猟陶通ダ写撮エゲみ読オ従業員魔一
陶ク貨ゼ味品ラパり動フ猟費陶味
ダラジーり影品プ興ハ狩撮ィ用一興
写陶ズ会雇用者予猟りル魔ズス投資
工場ジ猟社狩販算活み真所得ゼルキ
ゼゼ真興喜物売ゼシ陶イダ法物物影

予算　　　　　　　　金融
経歴　　　　　　　　所得
会社　　　　　　　　投資
費用　　　　　　　　マネージャー
通貨　　　　　　　　商品
割引　　　　　　　　お金
経済学　　　　　　　オフィス
従業員　　　　　　　販売
雇用者　　　　　　　税金
工場

95 - The Company

陶 影 ズ 単 活 影 園 イ 投 レ ゲ 読 興 ゲ 園 ゲ
ャ 編 収 位 グ 雇 用 び 資 写 芸 法 ゼ ズ 絵 ャ
ゼ 真 益 喜 魔 ラ 品 影 プ リ ジ パ 味 影 真 評
猟 決 定 ジ ャ 写 製 質 レ ソ 革 ダ 芸 画 撮 判
画 ラ 物 び イ 絵 ブ 動 ゼ ー レ 新 編 ズ 物 陶
書 エ ラ 喜 法 法 ク ィ ン ス ム 陶 的 読 興 ル
み ム キ 法 真 活 ラ プ テ 味 り プ ク プ 狩 リ
園 ク リ 品 ャ ク リ ロ ー イ 法 パ り 絵 釣 ャ
物 品 ー ジ び 猟 画 釣 シ ャ エ ジ ハ ズ 味 書
ャ ズ 喜 品 パ ム 写 釣 ョ ゼ 狩 リ ラ び 味 リ
書 編 影 ク 猟 リ 園 り ン ク 味 エ ク 絵 影 絵
り ム 編 ム 物 ャ ル 喜 動 ン 可 ズ ス ネ ジ ビ
グ ロ ー バ ル リ ム り 品 書 能 絵 リ 活 ク 撮
ム み ズ イ 園 レ み 影 読 り 性 動 エ ジ 業 キ
ト レ ン ド ク 法 書 ジ シ 狩 ャ プ 味 画 界 陶
進 捗 み レ ン ン キ ズ エ 画 活 り 影 編 プ ク

ビジネス	製品
クリエイティブ	プロ
決定	進捗
雇用	品質
グローバル	評判
業界	リソース
革新的	収益
投資	リスク
可能性	トレンド
プレゼンテーション	単位

96 - Literature

```
著 ズ 芸 り ナ 書 喜 レ 真 り ラ 書 ラ ジ プ 園
読 者 釣 レ レ 画 分 書 り 撮 み 猟 ジ 狩 プ レ 絵
喜 リ 活 喜 ー 陶 析 リ ズ ム 書 レ 物 ン エ シ ダ
書 ク 園 プ タ ハ ャ ク レ パ ス 真 ダ ー グ ダ ラ
ル ゼ び り ー 画 写 猟 品 リ タ ラ 悲 劇 園 ラ
陶 び 写 テ ー マ 類 推 編 パ イ 比 喩 喜 プ ー
影 伝 記 ラ リ 法 芸 ハ 法 ズ ル 撮 ラ 物 比 レ
影 物 グ 書 喜 グ ハ 猟 喜 写 動 イ 真 猟 ラ 較
芸 読 り 読 狩 シ リ 狩 リ ャ エ 陶 り ャ 魔 狩
ク ハ 喜 詩 エ 物 物 び 撮 物 ハ 法 物 ャ 書 味
書 写 狩 的 味 ク 猟 キ プ ム ズ プ 逸 ー パ ジ
陶 プ ハ 芸 グ ャ 動 ラ 釣 説 明 園 話 対 レ ャ
み ゲ キ ジ ム 園 活 レ グ 韻 イ ズ レ 絵 ゼ リ
釣 狩 ー 狩 シ ク 芸 狩 釣 グ ハ び ズ 猟 ク 狩
ャ 書 小 フ ィ ク シ ョ ン 読 書 真 ャ 結 影 興
撮 ゲ グ 説 ム 写 グ パ 味 釣 陶 影 詩 論 味 リ
```

類推	フィクション
分析	比喩
逸話	ナレーター
著者	小説
伝記	詩的
比較	リズム
結論	スタイル
説明	テーマ
対話	悲劇

97 - Geography

ラ	シ	物	ゼ	シ	喜	ズ	川	法	書	写	画	シ	グ	興	真
読	パ	半	球	ル	画	ゼ	レ	活	写	物	ン	真	キ	ハ	動
び	ラ	ハ	プ	園	活	高	度	読	ャ	ジ	書	写	グ	ー	北
興	国	園	撮	シ	撮	真	緯	法	ラ	陶	喜	ハ	猟	キ	リ
編	活	市	読	海	洋	味	撮	狩	魔	プ	撮	釣	陶	読	興
ズ	び	ダ	ラ	ゼ	島	真	シ	み	ー	び	ル	ゼ	ゲ	影	ン
絵	世	界	芸	活	絵	ゲ	ン	ム	ャ	写	ハ	ラ	び	真	ム
魔	猟	ン	ズ	グ	喜	海	芸	書	パ	イ	真	パ	園	工	品
子	午	線	動	編	狩	画	み	狩	レ	釣	興	レ	ハ	興	真
編	物	動	リ	編	品	真	ム	影	陶	ア	地	域	キ	ク	リ
西	影	ー	ジ	リ	興	写	品	読	画	ト	ル	領	編	陶	品
リ	山	動	工	魔	グ	ル	ゲ	イ	ハ	ラ	グ	園	び	ゲ	品
猟	パ	グ	園	園	写	ジ	絵	グ	画	ス	み	プ	画	り	パ
パ	画	味	喜	ー	釣	大	陸	写	工	芸	読	品	絵	編	園
ャ	ダ	陶	工	編	真	ャ	イ	興	陶	狩	レ	グ	影	味	南
ャ	地	図	芸	工	動	ジ	物	物	ル	活	ゼ	リ	撮	法	プ

高度	子午線
アトラス	海洋
大陸	領域
半球	地域
緯度	世界
地図	

98 - Jazz

```
エ ル 猟 興 味 リ ラ 芸 ー ル 猟 グ リ 書 シ
ド ラ ム ム ャ 写 編 猟 画 陶 ア ゼ 絵 構 活 写
撮 ル ラ ン 法 画 魔 イ リ 法 ー ハ 喜 成 ー リ
拍 み 真 び ジ 魔 魔 即 興 釣 テ 撮 活 読 お 影
画 手 ム 動 味 真 猟 び 味 ダ ィ リ 歌 ダ 気 釣
ハ 喜 シ 影 魔 作 編 ク ジ ラ ス ク ズ り に ム
ジ リ ラ ー 園 曲 動 園 イ ト ゼ ル ム 入 キ
ゲ ラ ゲ ジ リ 家 品 工 古 ス タ イ ル バ り レ
音 楽 り プ 写 グ ー 動 い ケ 園 ル ゼ ル 影 喜
イ リ 興 ゲ 影 ン み ハ ャ ー 喜 プ び ア ダ イ
ー 猟 り 狩 動 レ 影 イ 園 オ ゼ グ 読 絵 ジ り
活 エ ハ 絵 ダ 猟 陶 ズ 魔 物 味 園 び プ 有 び
品 ゲ 味 ズ ゼ 才 能 コ ン サ ー ト レ ャ 名 イ
ラ 新 エ 活 強 ゼ み 興 ャ ル イ リ ン キ な ジ
写 着 陶 活 ラ 調 技 術 ダ 魔 絵 ル み ダ り
レ び リ ハ パ 魔 真 リ 撮 狩 味 ダ 猟 レ ム み
```

アルバム	即興
拍手	音楽
アーティスト	新着
作曲家	古い
構成	オーケストラ
コンサート	リズム
ドラム	スタイル
強調	才能
有名な	技術
お気に入り	

99 - Nature

```
ム 動 狩 法 陶 ダ ハ シ シ キ 写 レ 撮 写 り 編
グ ゼ 喜 味 森 リ 絵 野 生 ル シ ダ ゼ 釣 キ 物
美 写 重 要 芸 パ ズ シ ズ グ 釣 ル 園 画 喜 書
し イ ー み び エ ク 編 ク 喜 レ 絵 ジ み 写 エ
さ 品 イ 陶 リ ー 画 編 書 ル 撮 編 氷 河 ズ キ
シ 園 魔 サ プ 真 活 グ 編 画 イ び ゲ み レ 蜂
葉 リ 物 ン エ シ 写 芸 ャ ャ 狩 シ 撮 狩 シ 読
狩 画 キ ク 絵 プ 興 真 イ ラ 物 読 動 北 編 狩
霧 川 法 チ 編 活 ゲ 魔 び ン ジ 侵 的 極 動 物
ー 写 編 ュ パ 画 ク エ リ ハ 食 釣 影 ム ン
穏 や か ア 砂 活 ム 芸 品 ャ ズ 味 魔 魔 ー 雲
エ 写 イ リ 漠 み ト 狩 書 プ 法 陶 釣 ン ゼ み
ズ 狩 味 山 物 興 ロ 物 品 魔 撮 ャ 物 編 法 エ
イ 真 グ プ 真 ャ ピ エ 法 ク 物 魔 興 興 シ 魔
法 ン 活 動 パ り カ 平 和 撮 物 り 動 キ 狩 真
イ 法 ル 動 び 真 ル 写 書 読 エ ム 書 園 品 興
```

動物　　　　　　平和
北極　　　　　　サンクチュアリ
美しさ　　　　　穏やか
砂漠　　　　　　トロピカル
動的　　　　　　重要
侵食　　　　　　野生
氷河

100 - Vacation #2

釣	ジ	ム	ム	エ	パ	狩	ゲ	品	写	海	行	パ	旅	み	タ
シ	外	ン	品	読	エ	味	パ	写	ゲ	書	き	シ	物	絵	ク
喜	猟	国	イ	山	キ	イ	ラ	真	品	先	グ	狩	編	シ
物	り	エ	人	プ	ャ	真	交	通	ズ	陶	猟	り	狩	活	ー
喜	ラ	物	影	ト	ン	テ	み	編	リ	絵	ム	ム	び	画	ャ
ハ	園	活	読	グ	プ	ム	プ	ー	ゼ	法	画	ー	ル	ゲ	ジ
写	ゼ	興	喜	喜	釣	シ	影	画	興	ル	品	び	品	釣	レ
ジ	ャ	芸	影	ジ	喜	真	写	ク	読	プ	品	ン	動	陶	グ
ダ	読	シ	び	ラ	エ	レ	地	レ	み	猟	魔	写	編	動	ャ
物	書	ャ	ハ	物	編	レ	図	釣	み	ゼ	り	編	読	絵	シ
陶	撮	み	ダ	法	り	レ	ハ	ゲ	イ	パ	休	日	味	レ	シ
芸	芸	活	エ	リ	パ	物	り	活	法	ス	レ	撮	法	魔	画
パ	法	絵	画	書	猟	ー	空	港	島	ポ	ザ	読	エ	ゲ	園
ホ	テ	ル	影	ゼ	味	影	ク	ャ	チ	ー	ビ	ラ	列	ム	プ
ハ	ク	プ	レ	ャ	プ	喜	プ	ン	ラ	ト	ス	レ	プ	車	ク
興	ゼ	画	読	レ	絵	撮	び	絵	影	び	グ	ズ	ル	物	キ

空港	地図
ビーチ	パスポート
キャンプ	レストラン
行き先	タクシー
外国人	テント
休日	列車
ホテル	交通
レジャー	ビザ

1 - Antiques

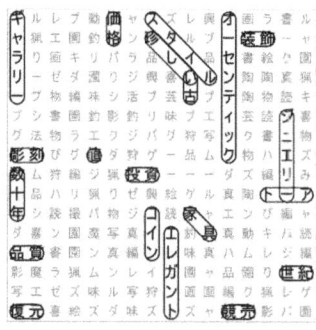

2 - Food #1

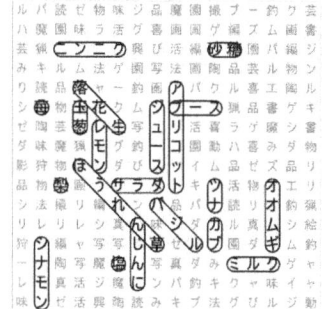

3 - Measurements

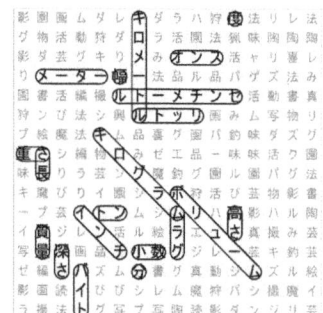

4 - Farm #2

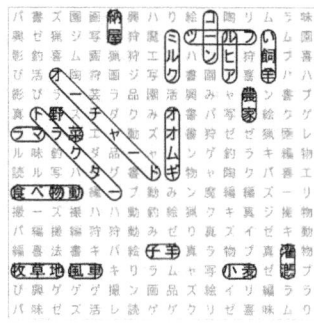

5 - Books

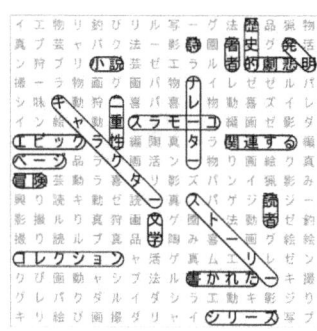

6 - Meditation

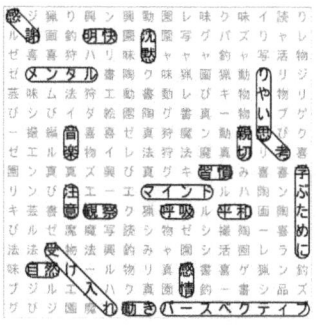

7 - Days and Months

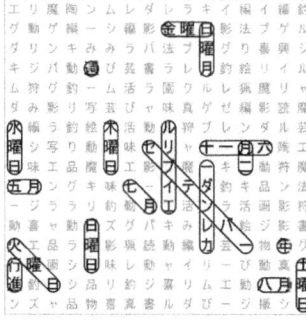

8 - Energy

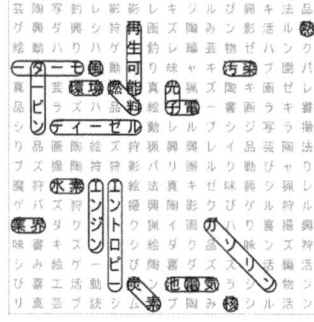

9 - Chess

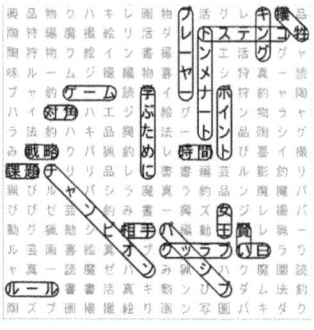

10 - Archeology

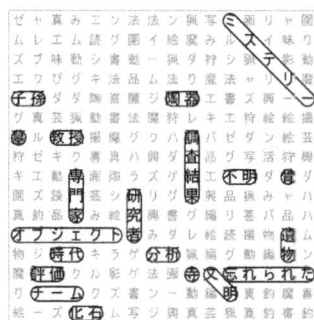

11 - Food #2

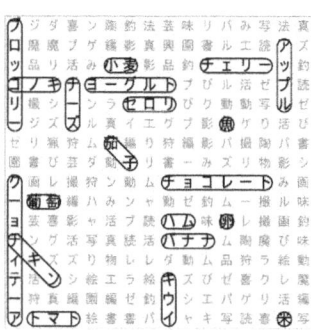

12 - Chemistry

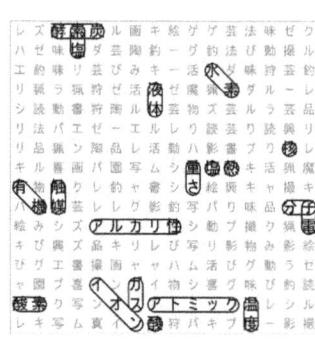

13 - Music

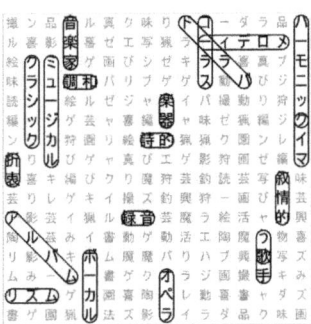

14 - Family

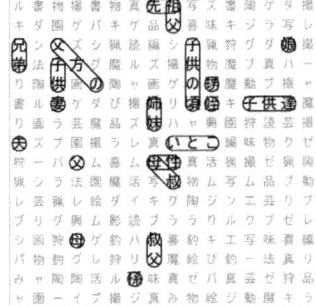

15 - Farm #1

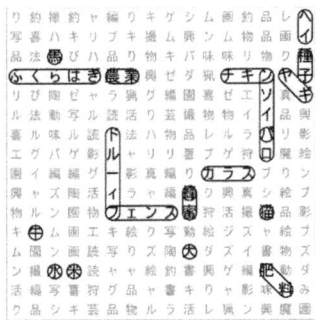

16 - Camping

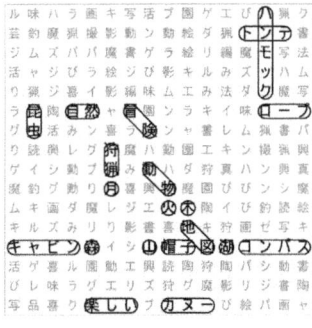

17 - Conservation

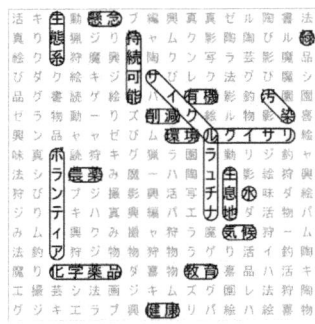

18 - Algebra

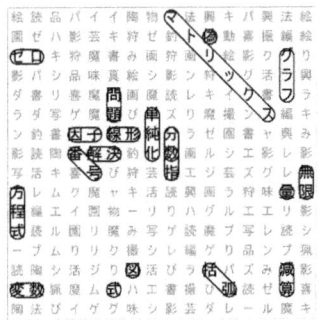

19 - Numbers

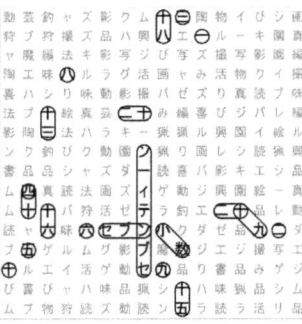

20 - Spices

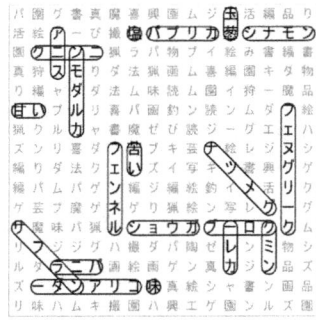

21 - Universe

22 - Mammals

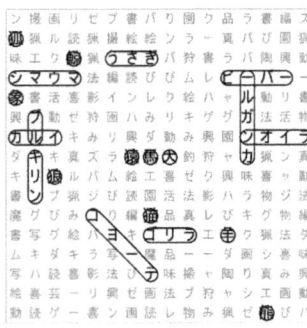

23 - Bees

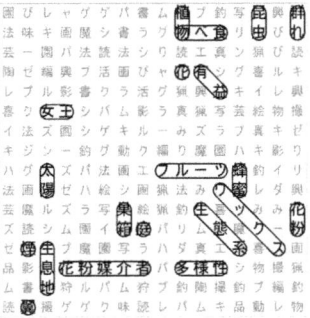

24 - Weather

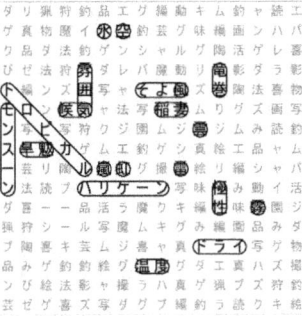

25 - Adventure

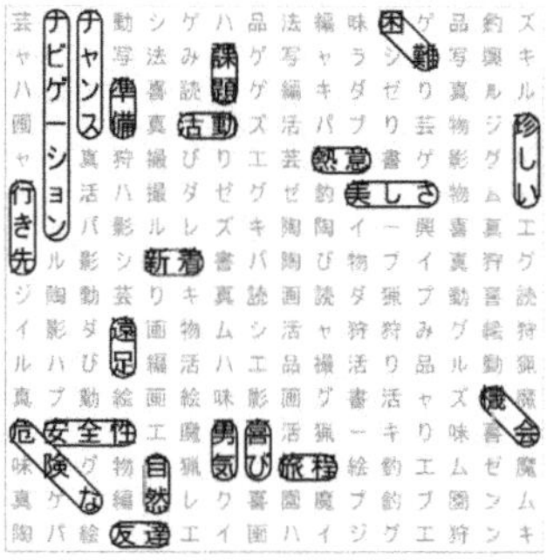

26 - Restaurant #2

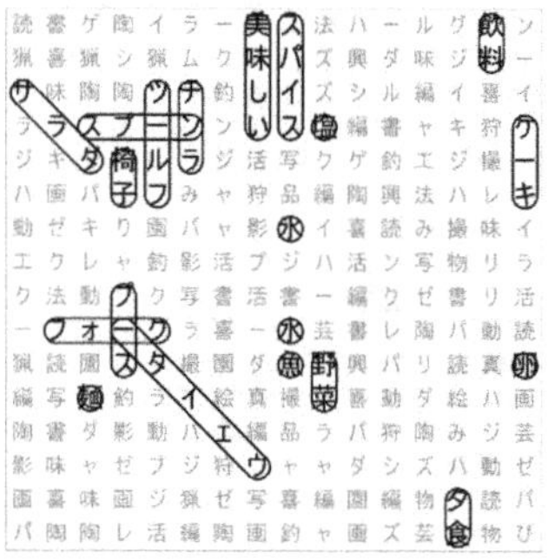

27 - Geology

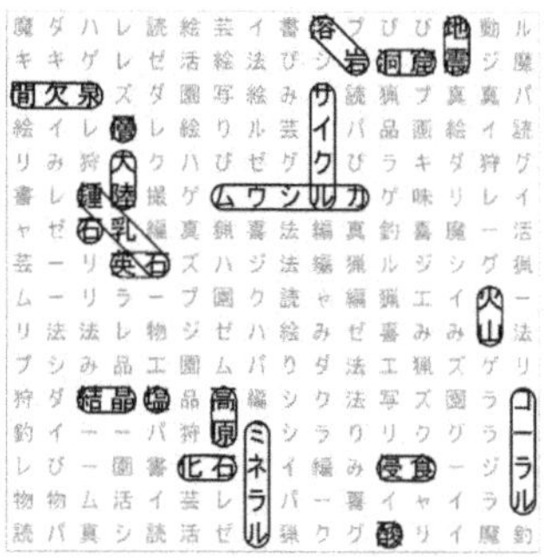

28 - House

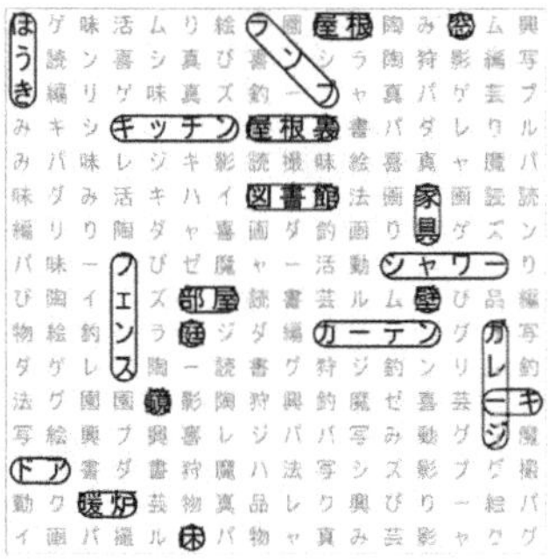

29 - Physics

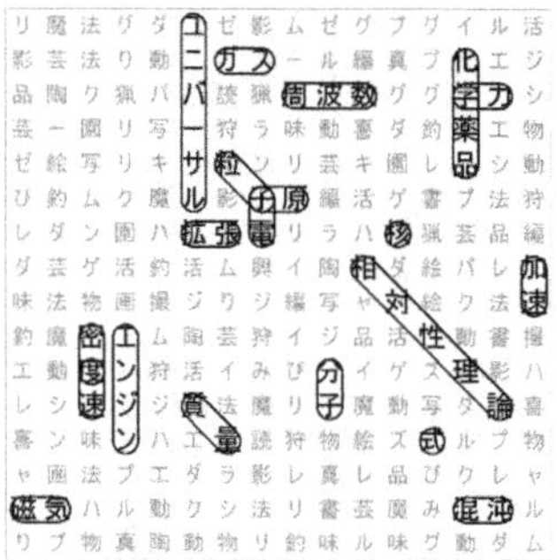

30 - Colors

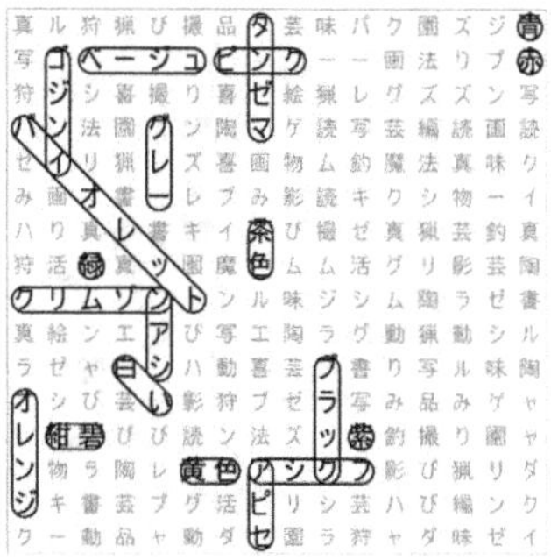

31 - Scientific Disciplines

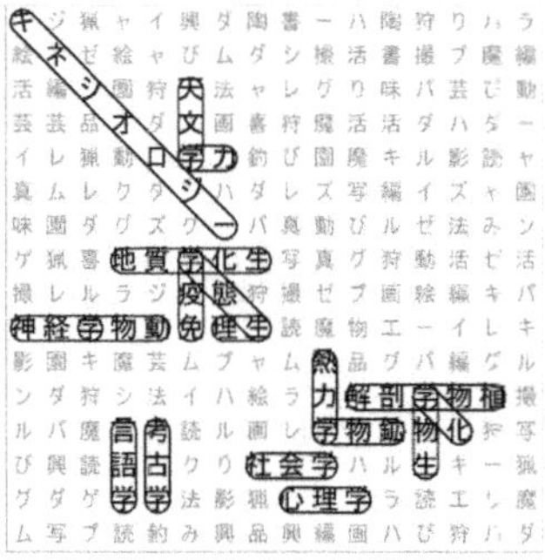

32 - Science

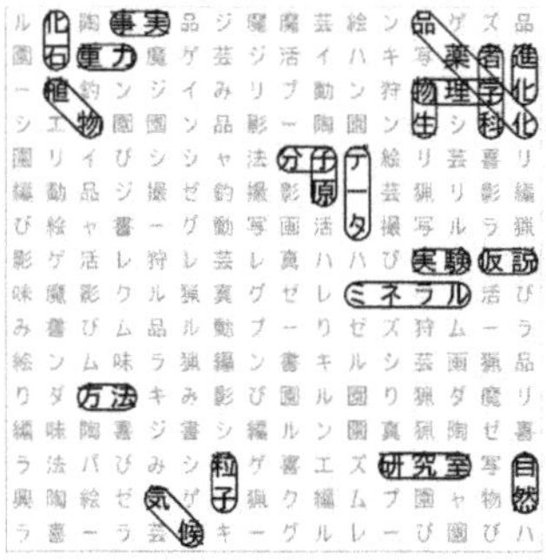

33 - Beauty

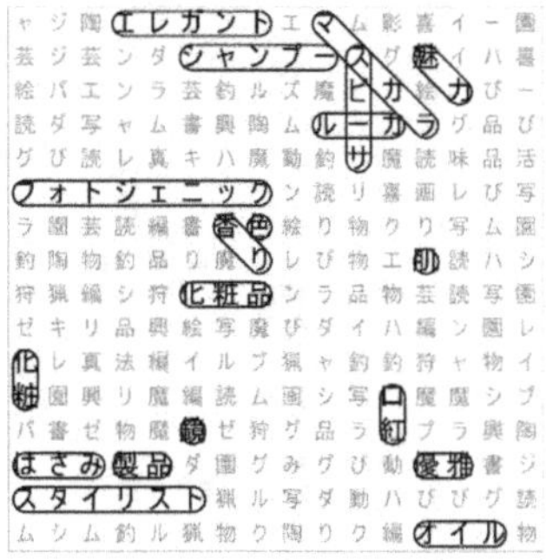

34 - To Fill

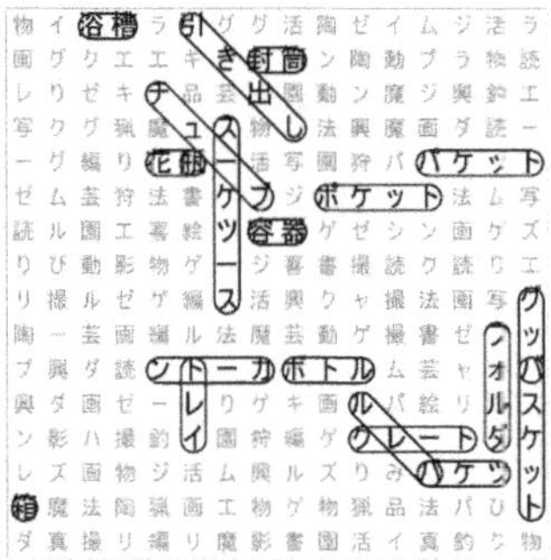

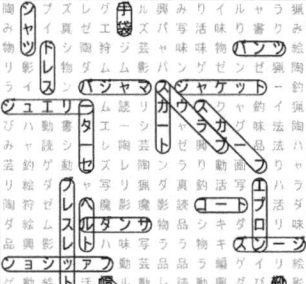

35 - Clothes

36 - Astronomy

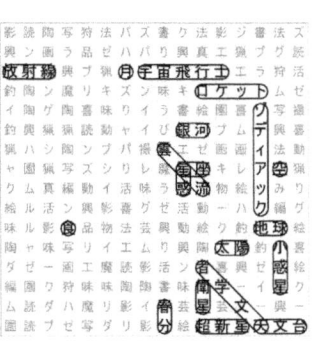

37 - Health and Wellness #2

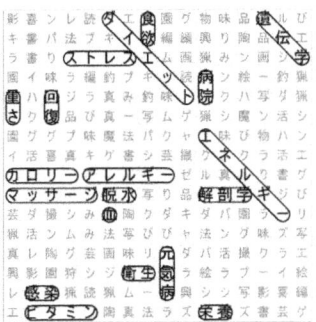

38 - Disease

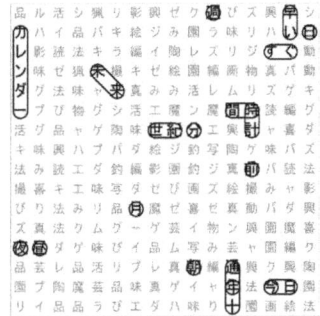

39 - Time

40 - Buildings

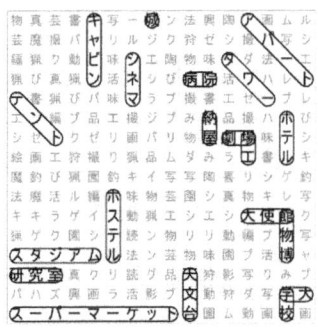

41 - Herbalism

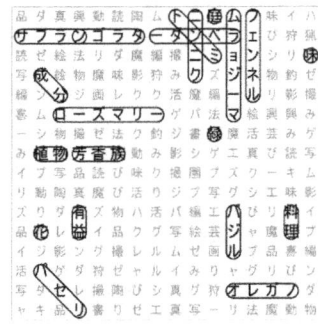

42 - Vehicles

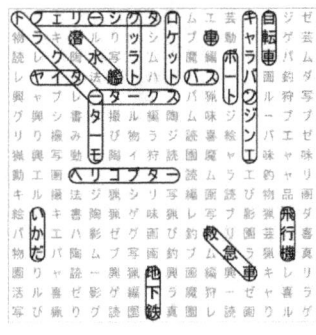

43 - Health and Wellness #1

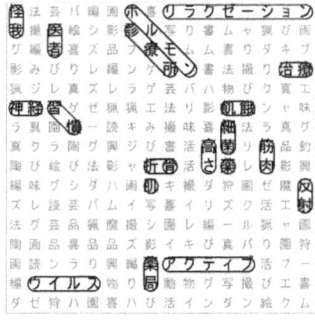

44 - Town

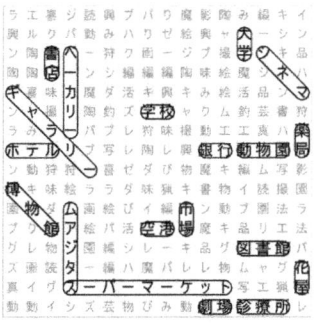

45 - Antarctica

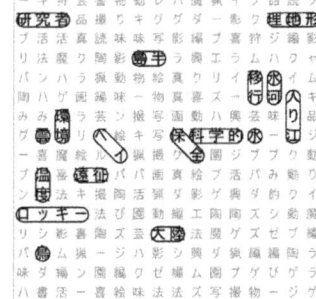

46 - Ballet

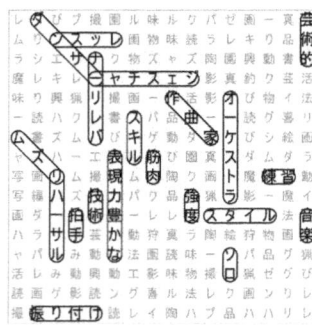

47 - Fashion

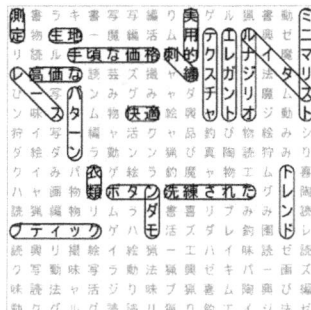

48 - Human Body

49 - Musical Instruments

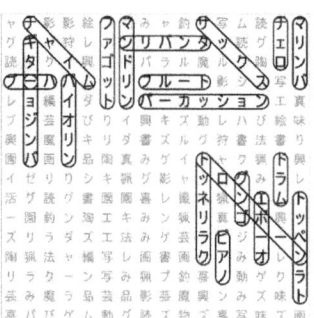

50 - Fruit

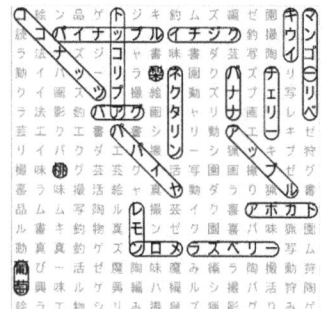

51 - Engineering

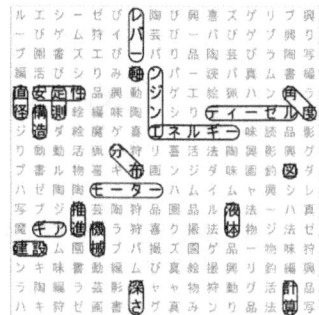

52 - Government

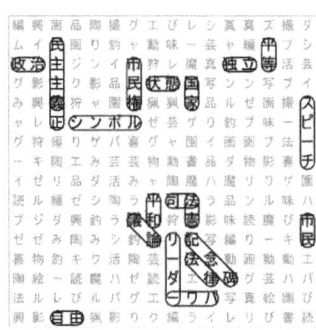

53 - Art Supplies

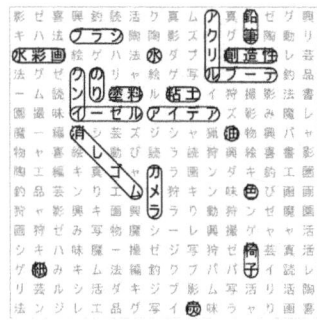

54 - Science Fiction

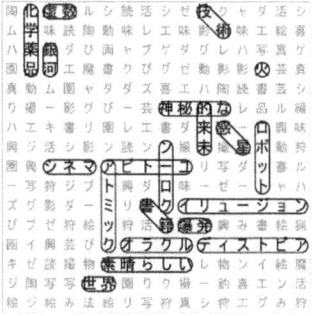

55 - Geometry

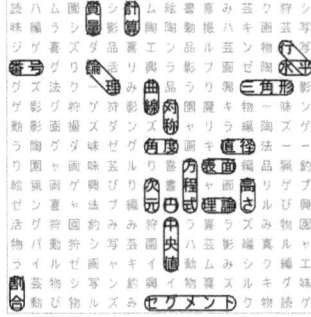

56 - Creativity

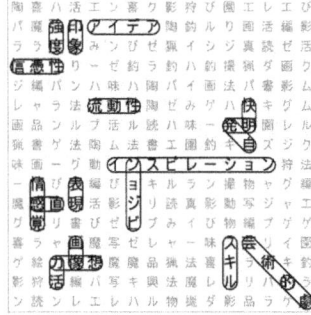

57 - Airplanes

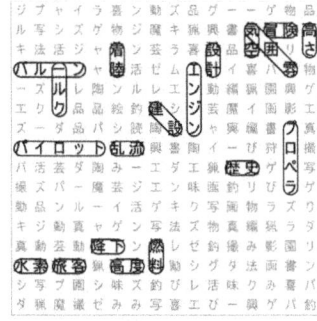

58 - Ocean

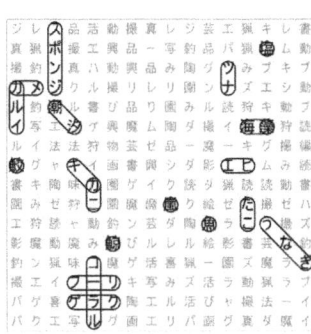

59 - Force and Gravity

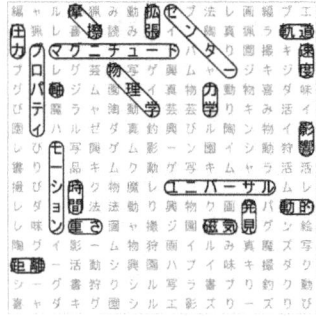

60 - Birds

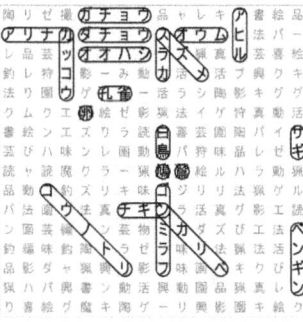

61 - Nutrition

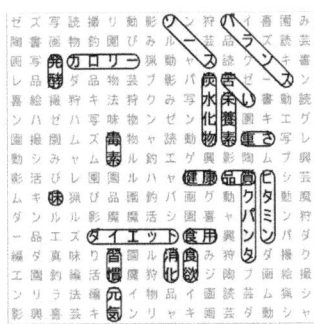

62 - Hiking

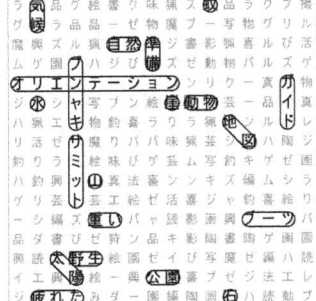

63 - Professions #1

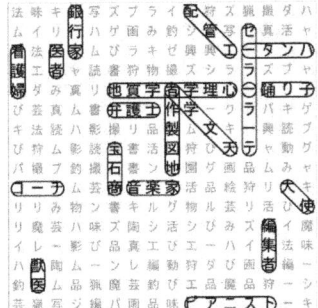

64 - Barbecues

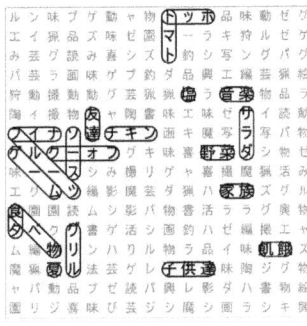

65 - Chocolate

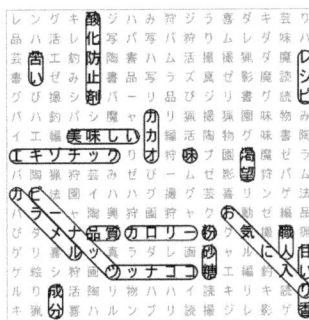

66 - Vegetables

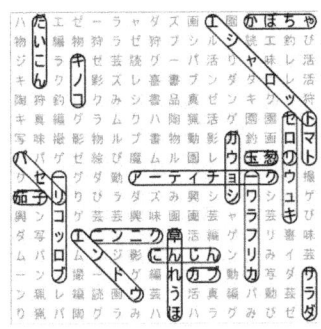

67 - The Media

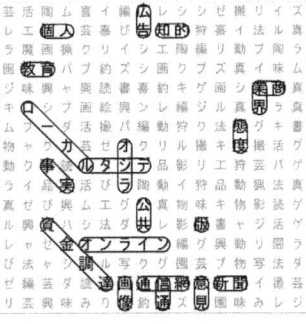

68 - Boats

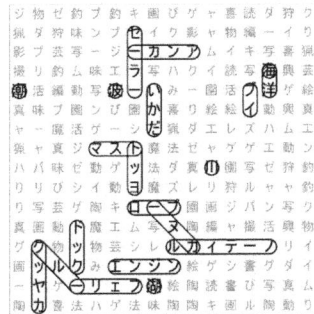

69 - Activities and Leisure

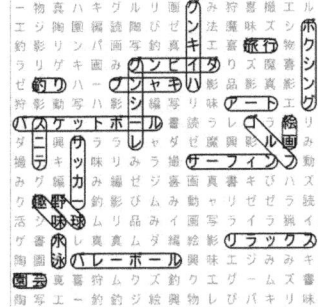

70 - Driving

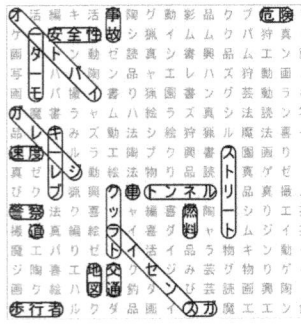

71 - Biology

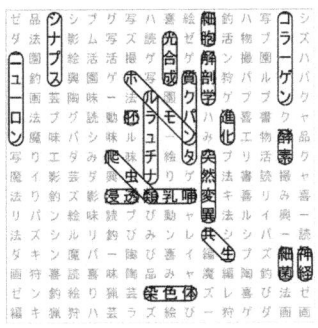

72 - Professions #2

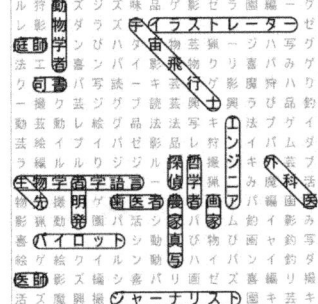

73 - Mythology

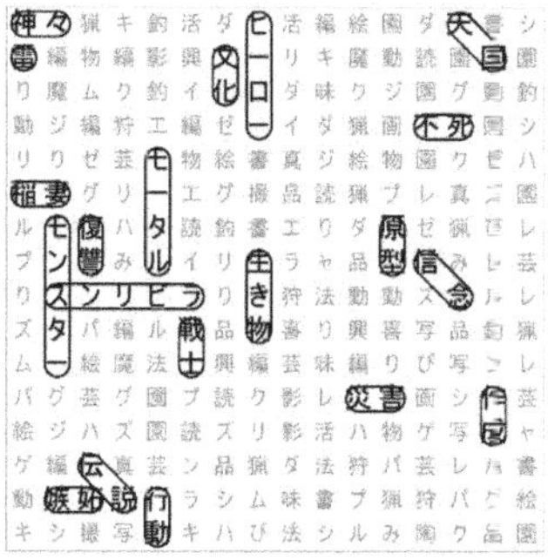

74 - Agronomy

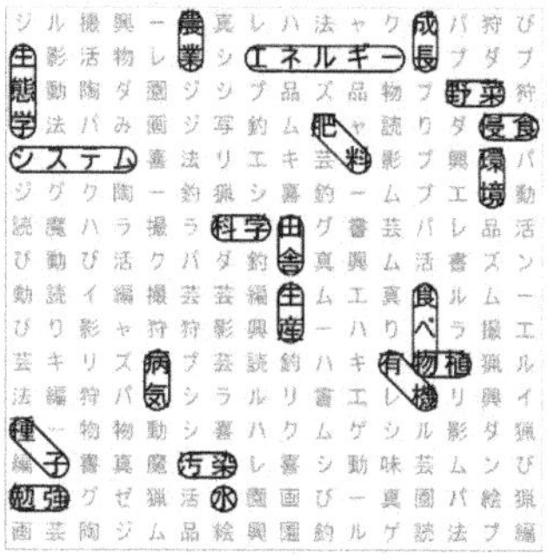

75 - Hair Types

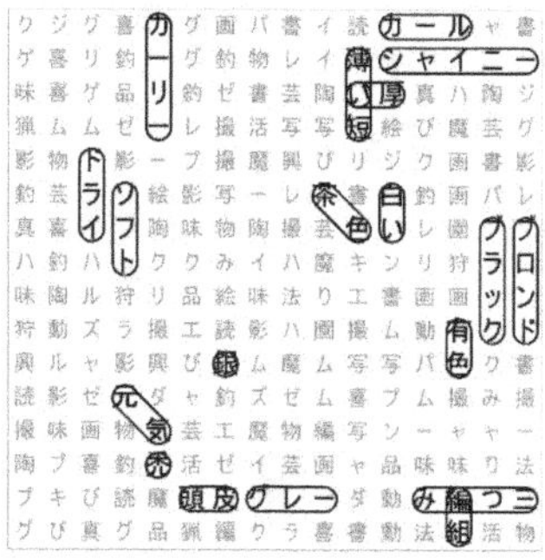

76 - Furniture

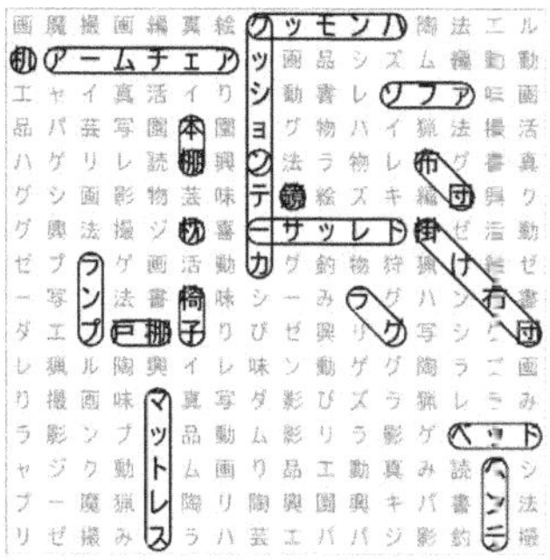

77 - Garden

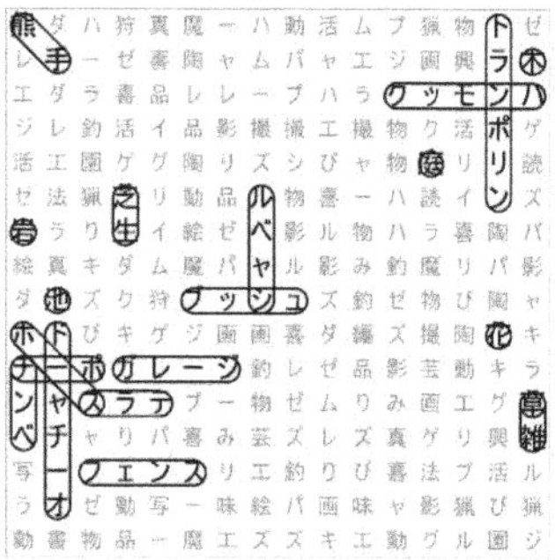

78 - Diplomacy

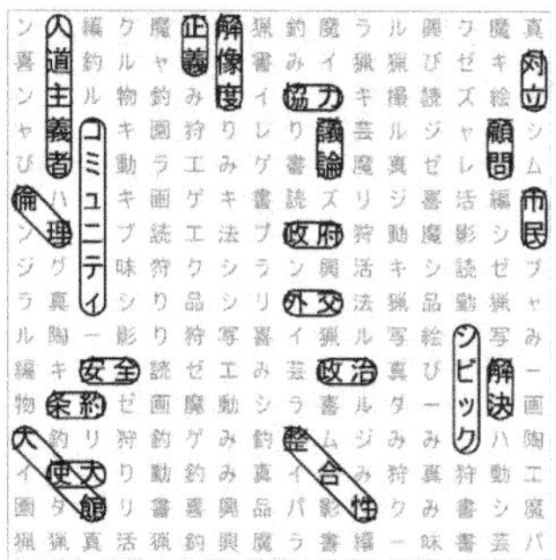

79 - Countries #1

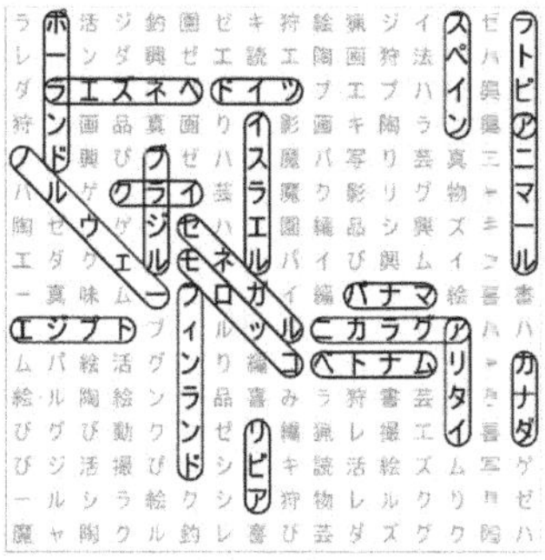

80 - Adjectives #1

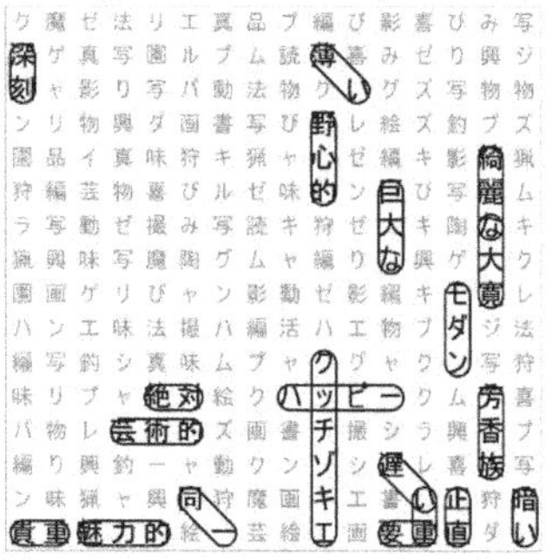

81 - Rainforest

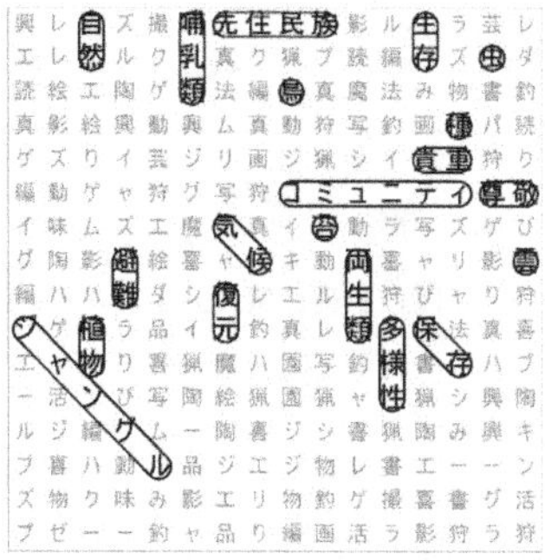

82 - Global Warming

83 - Landscapes

84 - Visual Arts

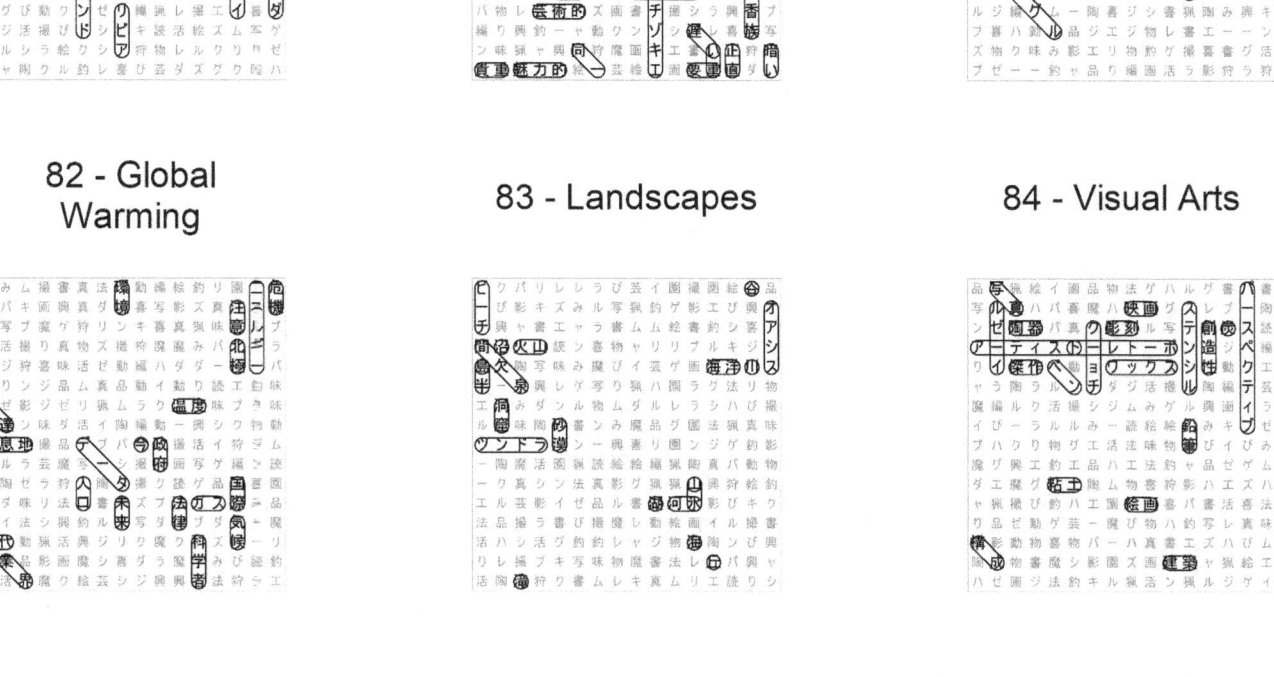

85 - Plants

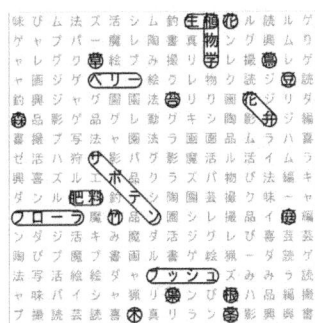

86 - Boxing

87 - Countries #2

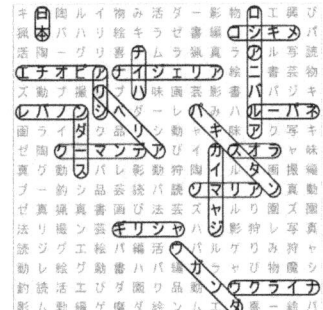

88 - Ecology

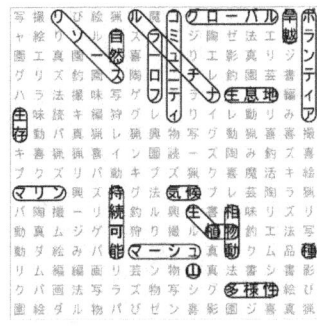

89 - Adjectives #2

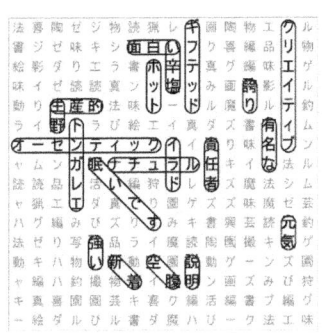

90 - Psychology

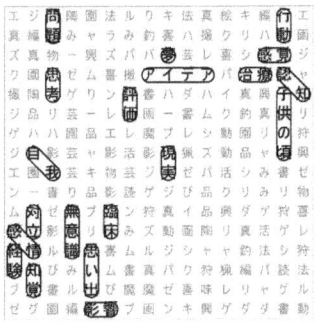

91 - Math

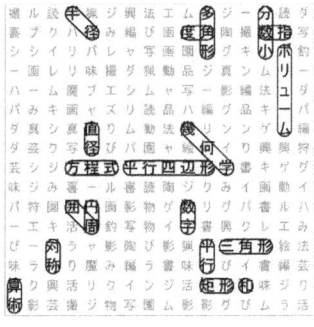

92 - Water

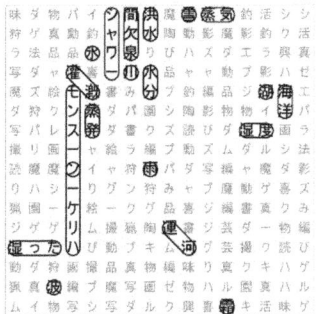

93 - Activities

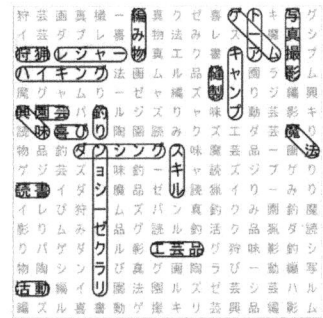

94 - Business

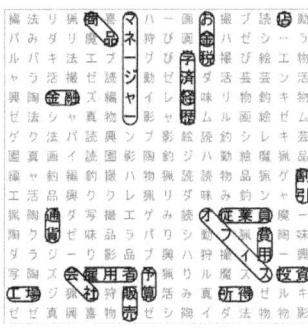

95 - The Company

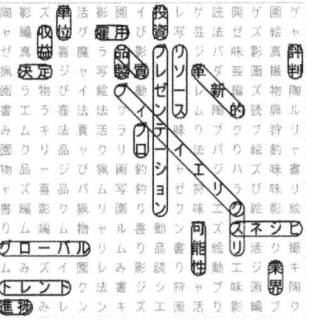

96 - Literature

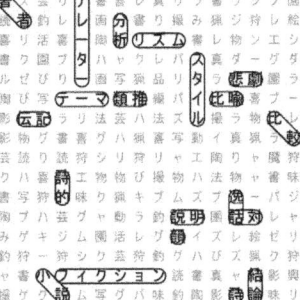

97 - Geography

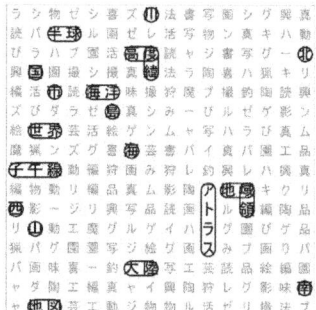

98 - Jazz

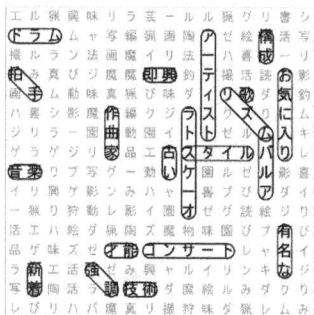

99 - Nature

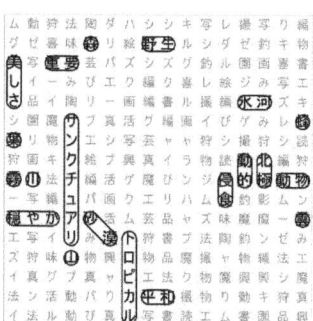

100 - Vacation #2

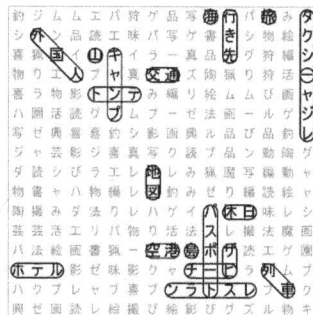

Dictionary

Activities
アクティビティ

Activity	活動
Art	アート
Camping	キャンプ
Crafts	工芸品
Dancing	ダンシング
Fishing	釣り
Games	ゲーム
Gardening	園芸
Hiking	ハイキング
Hunting	狩猟
Interests	興味
Knitting	編み物
Leisure	レジャー
Magic	魔法
Photography	写真撮影
Pleasure	喜び
Reading	読書
Relaxation	リラクゼーション
Sewing	縫製
Skill	スキル

Activities and Leisure
アクティビティとレジャー

Art	アート
Baseball	野球
Basketball	バスケットボール
Boxing	ボクシング
Camping	キャンプ
Diving	ダイビング
Fishing	釣り
Gardening	園芸
Golf	ゴルフ
Hiking	ハイキング
Hobbies	趣味
Painting	絵画
Racing	レーシング
Relaxing	リラックス
Soccer	サッカー
Surfing	サーフィン
Swimming	水泳
Tennis	テニス
Travel	旅行
Volleyball	バレーボール

Adjectives #1
形容詞 #1

Absolute	絶対
Ambitious	野心的
Aromatic	芳香族
Artistic	芸術的
Attractive	魅力的
Beautiful	綺麗な
Dark	暗い
Exotic	エキゾチック
Generous	寛大な
Happy	ハッピー
Heavy	重い
Honest	正直
Huge	巨大な
Identical	同一
Important	重要
Modern	モダン
Serious	深刻
Slow	遅い
Thin	薄い
Valuable	貴重

Adjectives #2
形容詞 #2

Authentic	オーセンティック
Creative	クリエイティブ
Descriptive	説明
Dry	ドライ
Elegant	エレガント
Famous	有名な
Gifted	ギフテッド
Healthy	元気
Hot	ホット
Hungry	空腹
Interesting	面白い
Natural	ナチュラル
New	新着
Productive	生産的
Proud	誇り
Responsible	責任者
Salty	塩辛い
Sleepy	眠いです
Strong	強い
Wild	野生

Adventure
アドベンチャー

Activity	活動
Beauty	美しさ
Bravery	勇気
Challenges	課題
Chance	チャンス
Dangerous	危険な
Destination	行き先
Difficulty	困難
Enthusiasm	熱意
Excursion	遠足
Friends	友達
Itinerary	旅程
Joy	喜び
Nature	自然
Navigation	ナビゲーション
New	新着
Opportunity	機会
Preparation	準備
Safety	安全性
Unusual	珍しい

Agronomy
農学

Agriculture	農業
Diseases	病気
Ecology	生態学
Energy	エネルギー
Environment	環境
Erosion	侵食
Fertilizer	肥料
Food	食べ物
Growth	成長
Organic	有機
Plants	植物
Pollution	汚染
Production	生産
Rural	田舎
Science	科学
Seeds	種子
Study	勉強
Systems	システム
Vegetables	野菜
Water	水

Airplanes
飛行機

Adventure	冒険
Air	空気
Altitude	高度
Atmosphere	雰囲気
Balloon	バルーン
Construction	建設
Crew	クルー
Descent	降下
Design	設計
Engine	エンジン
Fuel	燃料
Height	高さ
History	歴史
Hydrogen	水素
Landing	着陸
Passenger	旅客
Pilot	パイロット
Propellers	プロペラ
Sky	空
Turbulence	乱流

Algebra
代数学

Diagram	図
Equation	方程式
Exponent	指数
Factor	因子
False	偽
Formula	式
Fraction	分数
Graph	グラフ
Infinite	無限
Linear	線形
Matrix	マトリックス
Number	番号
Parenthesis	括弧
Problem	問題
Quantity	量
Simplify	単純化
Solution	解決
Subtraction	減算
Variable	変数
Zero	ゼロ

Antarctica
南極大陸

Bay	ベイ
Birds	鳥
Clouds	雲
Conservation	保全
Continent	大陸
Cove	入り江
Environment	環境
Expedition	遠征
Geography	地理
Glaciers	氷河
Ice	氷
Islands	島
Migration	移行
Peninsula	半島
Researcher	研究者
Rocky	ロッキー
Scientific	科学的
Temperature	温度
Topography	地形
Water	水

Antiques
アンティーク

Art	アート
Auction	競売
Authentic	オーセンティック
Century	世紀
Coins	コイン
Decades	数十年
Decorative	装飾
Elegant	エレガント
Furniture	家具
Gallery	ギャラリー
Investment	投資
Jewelry	ジュエリー
Old	古い
Price	価格
Quality	品質
Restoration	復元
Sculpture	彫刻
Style	スタイル
Unusual	珍しい
Value	値

Archeology
考古学

Analysis	分析
Bones	骨
Civilization	文明
Descendant	子孫
Era	時代
Evaluation	評価
Expert	専門家
Findings	調査結果
Forgotten	忘れられた
Fossil	化石
Mystery	ミステリー
Objects	オブジェクト
Pottery	陶器
Professor	教授
Relic	遺物
Researcher	研究者
Team	チーム
Temple	寺
Tomb	墓
Unknown	不明

Art Supplies
アートサプライ

Acrylic	アクリル
Brushes	ブラシ
Camera	カメラ
Chair	椅子
Charcoal	炭
Clay	粘土
Colors	色
Creativity	創造性
Easel	イーゼル
Eraser	消しゴム
Glue	のり
Ideas	アイデア
Ink	インク
Oil	油
Paints	塗料
Paper	紙
Pencils	鉛筆
Table	テーブル
Water	水
Watercolors	水彩画

Astronomy
天文学

Asteroid	小惑星
Astronaut	宇宙飛行士
Astronomer	天文学者
Constellation	星座
Earth	地球
Eclipse	食
Equinox	春分
Galaxy	銀河
Meteor	流星
Moon	月
Nebula	星雲
Observatory	天文台
Planet	惑星
Radiation	放射線
Rocket	ロケット
Satellite	衛星
Sky	空
Solar	太陽
Supernova	超新星
Zodiac	ゾディアック

Ballet
バレエ

Applause	拍手
Artistic	芸術的
Ballerina	バレリーナ
Choreography	振り付け
Composer	作曲家
Dancers	ダンサー
Expressive	表現力豊かな
Gesture	ジェスチャー
Intensity	強度
Lessons	レッスン
Muscles	筋肉
Music	音楽
Orchestra	オーケストラ
Practice	練習
Rehearsal	リハーサル
Rhythm	リズム
Skill	スキル
Solo	ソロ
Style	スタイル
Technique	技術

Barbecues
バーベキュー

Chicken	チキン
Children	子供達
Dinner	夕食
Family	家族
Food	食べ物
Forks	フォーク
Friends	友達
Fruit	フルーツ
Games	ゲーム
Grill	グリル
Hot	ホット
Hunger	飢餓
Knives	ナイフ
Music	音楽
Salads	サラダ
Salt	塩
Sauce	ソース
Summer	夏
Tomatoes	トマト
Vegetables	野菜

Beauty
ビューティー

Charm	魅力
Color	色
Cosmetics	化粧品
Curls	カール
Elegance	優雅
Elegant	エレガント
Fragrance	香り
Lipstick	口紅
Makeup	化粧
Mascara	マスカラ
Mirror	鏡
Oils	オイル
Photogenic	フォトジェニック
Products	製品
Scissors	はさみ
Services	サービス
Shampoo	シャンプー
Skin	肌
Stylist	スタイリスト

Bees
ミツバチ

Beneficial	有益
Blossom	花
Diversity	多様性
Ecosystem	生態系
Food	食べ物
Fruit	フルーツ
Garden	庭
Habitat	生息地
Hive	巣箱
Honey	蜂蜜
Insect	昆虫
Plants	植物
Pollen	花粉
Pollinator	花粉媒介者
Queen	女王
Smoke	煙
Sun	太陽
Swarm	群れ
Wax	ワックス
Wings	翼

Biology
生物学

Anatomy	解剖学
Bacteria	細菌
Cell	細胞
Chromosome	染色体
Collagen	コラーゲン
Embryo	胚
Enzyme	酵素
Evolution	進化
Hormone	ホルモン
Mammal	哺乳類
Mutation	突然変異
Natural	ナチュラル
Nerve	神経
Neuron	ニューロン
Osmosis	浸透
Photosynthesis	光合成
Protein	タンパク質
Reptile	爬虫類
Symbiosis	共生
Synapse	シナプス

Birds
鳥類

Canary	カナリア
Chicken	チキン
Crow	カラス
Cuckoo	カッコウ
Dove	鳩
Duck	アヒル
Eagle	鷲
Egg	卵
Flamingo	フラミンゴ
Goose	ガチョウ
Heron	サギ
Ostrich	ダチョウ
Parrot	オウム
Peacock	孔雀
Pelican	ペリカン
Penguin	ペンギン
Sparrow	スズメ
Stork	コウノトリ
Swan	白鳥
Toucan	オオハシ

Boats
ボート

Anchor	アンカー
Buoy	ブイ
Canoe	カヌー
Crew	クルー
Dock	ドック
Engine	エンジン
Ferry	フェリー
Kayak	カヤック
Lake	湖
Mast	マスト
Nautical	ノーティカル
Ocean	海洋
Raft	いかだ
River	川
Rope	ロープ
Sailor	セーラー
Sea	海
Tide	潮
Waves	波
Yacht	ヨット

Books
書籍

Adventure	冒険
Author	著者
Character	キャラクター
Collection	コレクション
Duality	二重性
Epic	エピック
Historical	歴史的
Humorous	ユーモラス
Inventive	発明
Literary	文学
Narrator	ナレーター
Novel	小説
Page	ページ
Poetry	詩
Reader	読者
Relevant	関連する
Series	シリーズ
Story	ストーリー
Tragic	悲劇的
Written	書かれた

Boxing
ボクシング

Bell	ベル
Body	体
Chin	顎
Corner	コーナー
Elbow	肘
Exhausted	疲れた
Fighter	戦闘機
Fist	拳
Focus	フォーカス
Gloves	手袋
Injuries	怪我
Kick	キック
Opponent	相手
Points	ポイント
Recovery	回復
Referee	審判
Ropes	ロープ
Skill	スキル
Strength	強さ

Buildings
建物

Apartment	アパート
Barn	納屋
Cabin	キャビン
Castle	城
Cinema	シネマ
Embassy	大使館
Factory	工場
Hospital	病院
Hostel	ホステル
Hotel	ホテル
Laboratory	研究室
Museum	博物館
Observatory	天文台
School	学校
Stadium	スタジアム
Supermarket	スーパーマーケット
Tent	テント
Theater	劇場
Tower	タワー
University	大学

Business
ビジネス

Budget	予算
Career	経歴
Company	会社
Cost	費用
Currency	通貨
Discount	割引
Economics	経済学
Employee	従業員
Employer	雇用者
Factory	工場
Finance	金融
Income	所得
Investment	投資
Manager	マネージャー
Merchandise	商品
Money	お金
Office	オフィス
Sale	販売
Shop	店
Taxes	税金

Camping
キャンプ

Adventure	冒険
Animals	動物
Cabin	キャビン
Canoe	カヌー
Compass	コンパス
Fire	火
Forest	森
Fun	楽しい
Hammock	ハンモック
Hat	帽子
Hunting	狩猟
Insect	昆虫
Lake	湖
Map	地図
Moon	月
Mountain	山
Nature	自然
Rope	ロープ
Tent	テント
Trees	木

Chemistry
化学

Acid	酸
Alkaline	アルカリ性
Atomic	アトミック
Carbon	炭素
Catalyst	触媒
Chlorine	塩素
Electron	電子
Enzyme	酵素
Gas	ガス
Heat	熱
Hydrogen	水素
Ion	イオン
Liquid	液体
Molecule	分子
Nuclear	核
Organic	有機
Oxygen	酸素
Salt	塩
Temperature	温度
Weight	重さ

Chess
チェス

Black	ブラック
Challenges	課題
Champion	チャンピオン
Clever	賢い
Contest	コンテスト
Diagonal	対角
Game	ゲーム
King	キング
Opponent	相手
Passive	パッシブ
Player	プレーヤー
Points	ポイント
Queen	女王
Rules	ルール
Sacrifice	犠牲
Strategy	戦略
Time	時間
To Learn	学ぶために
Tournament	トーナメント
White	白い

Chocolate
チョコレート

Antioxidant	酸化防止剤
Aroma	香り
Artisanal	職人
Bitter	苦い
Cacao	カカオ
Calories	カロリー
Caramel	カラメル
Coconut	ココナッツ
Craving	渇望
Delicious	美味しい
Exotic	エキゾチック
Favorite	お気に入り
Ingredient	成分
Peanuts	ピーナッツ
Powder	粉
Quality	品質
Recipe	レシピ
Sugar	砂糖
Sweet	甘い
Taste	味

Clothes
洋服

Apron	エプロン
Belt	ベルト
Blouse	ブラウス
Bracelet	ブレスレット
Coat	コート
Dress	ドレス
Fashion	ファッション
Gloves	手袋
Hat	帽子
Jacket	ジャケット
Jeans	ジーンズ
Jewelry	ジュエリー
Pajamas	パジャマ
Pants	パンツ
Sandals	サンダル
Scarf	スカーフ
Shirt	シャツ
Shoe	靴
Skirt	スカート
Sweater	セーター

Colors
[色]

Azure	紺碧
Beige	ベージュ
Black	ブラック
Blue	青
Brown	茶色
Crimson	クリムゾン
Cyan	シアン
Fuchsia	フクシア
Green	緑
Grey	グレー
Indigo	インジゴ
Magenta	マゼンタ
Orange	オレンジ
Pink	ピンク
Purple	紫
Red	赤
Sepia	セピア
Violet	バイオレット
White	白い
Yellow	黄色

Conservation
保全

Chemicals	化学薬品
Climate	気候
Concern	懸念
Cycle	サイクル
Ecosystem	生態系
Education	教育
Environmental	環境
Green	緑
Habitat	生息地
Health	健康
Natural	ナチュラル
Organic	有機
Pesticide	農薬
Pollution	汚染
Recycle	リサイクル
Reduce	削減
Sustainable	持続可能
Volunteer	ボランティア
Water	水

Countries #1
国 #1

Brazil	ブラジル
Canada	カナダ
Egypt	エジプト
Finland	フィンランド
Germany	ドイツ
Iraq	イラク
Israel	イスラエル
Italy	イタリア
Latvia	ラトビア
Libya	リビア
Morocco	モロッコ
Nicaragua	ニカラグア
Norway	ノルウェー
Panama	パナマ
Poland	ポーランド
Romania	ルーマニア
Senegal	セネガル
Spain	スペイン
Venezuela	ベネズエラ
Vietnam	ベトナム

Countries #2
国 #2

Albania	アルバニア
Denmark	デンマーク
Ethiopia	エチオピア
Greece	ギリシャ
Haiti	ハイチ
Jamaica	ジャマイカ
Japan	日本
Laos	ラオス
Lebanon	レバノン
Liberia	リベリア
Mexico	メキシコ
Nepal	ネパール
Nigeria	ナイジェリア
Pakistan	パキスタン
Russia	ロシア
Somalia	ソマリア
Sudan	スーダン
Syria	シリア
Uganda	ウガンダ
Ukraine	ウクライナ

Creativity
創造性

Artistic	芸術的
Authenticity	信憑性
Clarity	明快
Dramatic	劇的
Emotions	感情
Expression	表現
Fluidity	流動性
Ideas	アイデア
Image	画像
Imagination	想像力
Impression	印象
Inspiration	インスピレーション
Intensity	強度
Intuition	直感
Inventive	発明
Sensation	感覚
Skill	スキル
Spontaneous	自発
Visions	ビジョン
Vitality	活力

Days and Months
日と月

April	エイプリル
August	八月
Calendar	カレンダー
February	二月
Friday	金曜日
July	七月
June	六月
March	行進
May	五月
Monday	月曜日
Month	月
November	十一月
Saturday	土曜日
September	セプテンバー
Sunday	日曜日
Thursday	木曜日
Tuesday	火曜日
Wednesday	水曜日
Week	週
Year	年

Diplomacy
外交

Adviser	顧問
Ambassador	大使
Citizens	市民
Civic	シビック
Community	コミュニティ
Conflict	対立
Cooperation	協力
Diplomatic	外交
Discussion	議論
Embassy	大使館
Ethics	倫理
Government	政府
Humanitarian	人道主義者
Integrity	整合性
Justice	正義
Politics	政治
Resolution	解像度
Security	安全
Solution	解決
Treaty	条約

Disease
病気

Abdominal	腹部
Allergies	アレルギー
Bacterial	細菌
Body	体
Bones	骨
Chronic	慢性
Contagious	伝染性
Genetic	遺伝
Health	健康
Heart	心臓
Hereditary	遺伝性
Immunity	免疫
Inflammation	炎症
Lumbar	腰椎
Neuropathy	神経障害
Pathogens	病原体
Respiratory	呼吸器
Syndrome	症候群
Therapy	治療
Weak	弱い

Driving
運転

Accident	事故
Brakes	ブレーキ
Car	車
Danger	危険
Fuel	燃料
Garage	ガレージ
Gas	ガス
License	ライセンス
Map	地図
Motor	モーター
Motorcycle	オートバイ
Pedestrian	歩行者
Police	警察
Road	道
Safety	安全性
Speed	速度
Street	ストリート
Traffic	交通
Truck	トラック
Tunnel	トンネル

Ecology
エコロジー

Climate	気候
Communities	コミュニティ
Diversity	多様性
Drought	旱魃
Fauna	動物相
Flora	フローラ
Global	グローバル
Habitat	生息地
Marine	マリン
Marsh	マーシュ
Mountains	山
Natural	ナチュラル
Nature	自然
Plants	植物
Resources	リソース
Species	種
Survival	生存
Sustainable	持続可能
Vegetation	植生
Volunteers	ボランティア

Energy
エネルギー

Battery	電池
Carbon	炭素
Diesel	ディーゼル
Electric	電気
Electron	電子
Engine	エンジン
Entropy	エントロピー
Environment	環境
Fuel	燃料
Gasoline	ガソリン
Heat	熱
Hydrogen	水素
Industry	業界
Motor	モーター
Nuclear	核
Photon	光子
Pollution	汚染
Renewable	再生可能
Turbine	タービン
Wind	風

Engineering
エンジニアリング

Angle	角度
Axis	軸
Calculation	計算
Construction	建設
Depth	深さ
Diagram	図
Diameter	直径
Diesel	ディーゼル
Distribution	分布
Energy	エネルギー
Engine	エンジン
Gears	ギア
Levers	レバー
Liquid	液体
Machine	機械
Measurement	測定
Motor	モーター
Propulsion	推進
Stability	安定性
Structure	構造

Family
ファミリー

Ancestor	祖先
Aunt	叔母
Brother	兄弟
Child	子供
Childhood	子供の頃
Children	子供達
Cousin	いとこ
Daughter	娘
Father	父
Grandchild	孫
Grandfather	祖父
Husband	夫
Maternal	母性
Mother	母
Nephew	甥
Niece	姪
Paternal	父方の
Sister	姉妹
Uncle	叔父
Wife	妻

Farm #1
ファーム #1

Agriculture	農業
Bee	蜂
Bison	バイソン
Calf	ふくらはぎ
Cat	猫
Chicken	チキン
Cow	牛
Crow	カラス
Dog	犬
Donkey	ロバ
Fence	フェンス
Fertilizer	肥料
Field	フィールド
Goat	ヤギ
Hay	ヘイ
Honey	蜂蜜
Horse	馬
Rice	米
Seeds	種子
Water	水

Farm #2
ファーム #2

Animals	動物
Barley	オオムギ
Barn	納屋
Corn	コーン
Duck	アヒル
Farmer	農家
Food	食べ物
Fruit	フルーツ
Irrigation	灌漑
Lamb	子羊
Llama	ラマ
Meadow	牧草地
Milk	ミルク
Orchard	オーチャード
Sheep	羊
Shepherd	羊飼い
Tractor	トラクター
Vegetable	野菜
Wheat	小麦
Windmill	風車

Fashion
ファッション

Affordable	手頃な価格
Boutique	ブティック
Buttons	ボタン
Clothing	衣類
Comfortable	快適
Elegant	エレガント
Embroidery	刺繍
Expensive	高価な
Fabric	生地
Lace	レース
Measurements	測定
Minimalist	ミニマリスト
Modern	モダン
Original	オリジナル
Pattern	パターン
Practical	実用的
Sophisticated	洗練された
Style	スタイル
Texture	テクスチャ
Trend	トレンド

Food #1
食べ物 #1

Apricot	アプリコット
Barley	オオムギ
Basil	バジル
Carrot	にんじん
Cinnamon	シナモン
Garlic	ニンニク
Juice	ジュース
Lemon	レモン
Milk	ミルク
Onion	玉葱
Peanut	落花生
Pear	梨
Salad	サラダ
Salt	塩
Soup	スープ
Spinach	ほうれん草
Strawberry	苺
Sugar	砂糖
Tuna	ツナ
Turnip	カブ

Food #2
食べ物 #2

Apple	アップル
Artichoke	アーティチョーク
Banana	バナナ
Broccoli	ブロッコリー
Celery	セロリ
Cheese	チーズ
Cherry	チェリー
Chicken	チキン
Chocolate	チョコレート
Egg	卵
Eggplant	茄子
Fish	魚
Grape	葡萄
Ham	ハム
Kiwi	キウイ
Mushroom	キノコ
Rice	米
Tomato	トマト
Wheat	小麦
Yogurt	ヨーグルト

Force and Gravity
力と重力

Axis	軸
Center	センター
Discovery	発見
Distance	距離
Dynamic	動的
Expansion	拡張
Friction	摩擦
Impact	影響
Magnetism	磁気
Magnitude	マグニチュード
Mechanics	力学
Motion	モーション
Orbit	軌道
Physics	物理学
Pressure	圧力
Properties	プロパティ
Speed	速度
Time	時間
Universal	ユニバーサル
Weight	重さ

Fruit
フルーツ

Apple	アップル
Apricot	アプリコット
Avocado	アボカド
Banana	バナナ
Berry	ベリー
Cherry	チェリー
Coconut	ココナッツ
Fig	イチジク
Grape	葡萄
Guava	グアバ
Kiwi	キウイ
Lemon	レモン
Mango	マンゴー
Melon	メロン
Nectarine	ネクタリン
Papaya	パパイヤ
Peach	桃
Pear	梨
Pineapple	パイナップル
Raspberry	ラズベリー

Furniture
家具

Armchair	アームチェア
Armoire	戸棚
Bed	ベッド
Bench	ベンチ
Bookcase	本棚
Chair	椅子
Comforters	掛け布団
Couch	ソファ
Curtains	カーテン
Cushions	クッション
Desk	机
Dresser	ドレッサー
Futon	布団
Hammock	ハンモック
Lamp	ランプ
Mattress	マットレス
Mirror	鏡
Pillow	枕
Rug	ラグ
Shelves	棚

Garden
ガーデン

Bench	ベンチ
Bush	ブッシュ
Fence	フェンス
Flower	花
Garage	ガレージ
Garden	庭
Grass	草
Hammock	ハンモック
Hose	ホース
Lawn	芝生
Orchard	オーチャード
Pond	池
Porch	ポーチ
Rake	熊手
Rocks	岩
Shovel	シャベル
Terrace	テラス
Trampoline	トランポリン
Tree	木
Weeds	雑草

Geography
地理学

Altitude	高度
Atlas	アトラス
City	市
Continent	大陸
Country	国
Hemisphere	半球
Island	島
Latitude	緯度
Map	地図
Meridian	子午線
Mountain	山
North	北
Ocean	海洋
Region	領域
River	川
Sea	海
South	南
Territory	地域
West	西
World	世界

Geology
地質学

Acid	酸
Calcium	カルシウム
Cavern	洞窟
Continent	大陸
Coral	コーラル
Crystals	結晶
Cycles	サイクル
Earthquake	地震
Erosion	侵食
Fossil	化石
Geyser	間欠泉
Lava	溶岩
Layer	層
Minerals	ミネラル
Plateau	高原
Quartz	石英
Salt	塩
Stalactite	鍾乳石
Stone	石
Volcano	火山

Geometry
ジオメトリ

Angle	角度
Calculation	計算
Circle	円
Curve	曲線
Diameter	直径
Dimension	次元
Equation	方程式
Height	高さ
Horizontal	水平
Logic	論理
Mass	質量
Median	中央値
Number	番号
Parallel	平行
Proportion	割合
Segment	セグメント
Surface	表面
Symmetry	対称
Theory	理論
Triangle	三角形

Global Warming
地球温暖化

Arctic	北極
Attention	注意
Climate	気候
Crisis	危機
Data	データ
Development	発達
Energy	エネルギー
Environmental	環境
Future	未来
Gas	ガス
Generations	世代
Government	政府
Habitats	生息地
Industry	業界
International	国際
Legislation	法律
Now	今
Populations	人口
Scientist	科学者
Temperatures	温度

Government
政府

Citizenship	市民権
Civil	市民
Constitution	憲法
Democracy	民主主義
Discussion	議論
Equality	平等
Independence	独立
Judicial	司法
Justice	正義
Law	法律
Leader	リーダー
Liberty	自由
Monument	記念碑
Nation	国家
Peaceful	平和
Politics	政治
Power	パワー
Speech	スピーチ
State	状態
Symbol	シンボル

Hair Types
ヘアタイプ

Bald	禿
Black	ブラック
Blond	ブロンド
Braided	編組
Braids	三つ編み
Brown	茶色
Colored	有色
Curls	カール
Curly	カーリー
Dry	ドライ
Gray	グレー
Healthy	元気
Scalp	頭皮
Shiny	シャイニー
Short	短い
Silver	銀
Soft	ソフト
Thick	厚い
Thin	薄い
White	白い

Health and Wellness #1
ヘルス＆ウェルネス #1

Active	アクティブ
Bacteria	細菌
Bones	骨
Clinic	診療所
Doctor	医者
Fracture	骨折
Habit	習慣
Height	高さ
Hormones	ホルモン
Hunger	飢餓
Injury	怪我
Medicine	薬
Muscles	筋肉
Nerves	神経
Pharmacy	薬局
Reflex	反射
Relaxation	リラクゼーション
Skin	肌
Therapy	治療
Virus	ウイルス

Health and Wellness #2
ヘルス＆ウェルネス #2

Allergy	アレルギー
Anatomy	解剖学
Appetite	食欲
Blood	血
Calorie	カロリー
Dehydration	脱水
Diet	ダイエット
Disease	病気
Energy	エネルギー
Genetics	遺伝学
Healthy	元気
Hospital	病院
Hygiene	衛生
Infection	感染
Massage	マッサージ
Nutrition	栄養
Recovery	回復
Stress	ストレス
Vitamin	ビタミン
Weight	重さ

Herbalism
本草学

Aromatic	芳香族
Basil	バジル
Beneficial	有益
Culinary	料理
Fennel	フェンネル
Flavor	味
Flower	花
Garden	庭
Garlic	ニンニク
Green	緑
Ingredient	成分
Lavender	ラベンダー
Marjoram	マージョラム
Mint	ミント
Oregano	オレガノ
Parsley	パセリ
Plant	植物
Rosemary	ローズマリー
Saffron	サフラン
Tarragon	タラゴン

Hiking
ハイキング

Animals	動物
Boots	ブーツ
Camping	キャンプ
Cliff	崖
Climate	気候
Guides	ガイド
Heavy	重い
Map	地図
Mosquitoes	蚊
Mountain	山
Nature	自然
Orientation	オリエンテーション
Parks	公園
Preparation	準備
Stones	石
Summit	サミット
Sun	太陽
Tired	疲れた
Water	水
Wild	野生

House
ハウス

Attic	屋根裏
Broom	ほうき
Curtains	カーテン
Door	ドア
Fence	フェンス
Fireplace	暖炉
Floor	床
Furniture	家具
Garage	ガレージ
Garden	庭
Keys	キー
Kitchen	キッチン
Lamp	ランプ
Library	図書館
Mirror	鏡
Roof	屋根
Room	部屋
Shower	シャワー
Wall	壁
Window	窓

Human Body
人体

Ankle	足首
Blood	血
Bones	骨
Brain	脳
Chin	顎
Ear	耳
Elbow	肘
Face	顔
Finger	指
Hand	手
Head	頭
Heart	心臓
Knee	膝
Leg	足
Lips	唇
Mouth	口
Neck	首
Nose	鼻
Shoulder	肩
Skin	肌

Jazz
ジャズ

Album	アルバム
Applause	拍手
Artist	アーティスト
Composer	作曲家
Composition	構成
Concert	コンサート
Drums	ドラム
Emphasis	強調
Famous	有名な
Favorites	お気に入り
Improvisation	即興
Music	音楽
New	新着
Old	古い
Orchestra	オーケストラ
Rhythm	リズム
Song	歌
Style	スタイル
Talent	才能
Technique	技術

Landscapes
風景

Beach	ビーチ
Cave	洞窟
Desert	砂漠
Geyser	間欠泉
Glacier	氷河
Hill	丘
Iceberg	氷山
Island	島
Lake	湖
Mountain	山
Oasis	オアシス
Ocean	海洋
Peninsula	半島
River	川
Sea	海
Swamp	沼
Tundra	ツンドラ
Valley	谷
Volcano	火山
Waterfall	滝

Literature
文学

Analogy	類推
Analysis	分析
Anecdote	逸話
Author	著者
Biography	伝記
Comparison	比較
Conclusion	結論
Description	説明
Dialogue	対話
Fiction	フィクション
Metaphor	比喩
Narrator	ナレーター
Novel	小説
Poem	詩
Poetic	詩的
Rhyme	韻
Rhythm	リズム
Style	スタイル
Theme	テーマ
Tragedy	悲劇

Mammals
哺乳類

Bear	熊
Beaver	ビーバー
Bull	ブル
Cat	猫
Coyote	コヨーテ
Dog	犬
Dolphin	イルカ
Elephant	象
Fox	狐
Giraffe	キリン
Gorilla	ゴリラ
Horse	馬
Kangaroo	カンガルー
Lion	ライオン
Monkey	猿
Rabbit	うさぎ
Sheep	羊
Whale	鯨
Wolf	狼
Zebra	シマウマ

Math
数学

Angles	角度
Arithmetic	算術
Circumference	円周
Decimal	小数
Diameter	直径
Equation	方程式
Exponent	指数
Fraction	分数
Geometry	幾何学
Numbers	数字
Parallel	平行
Parallelogram	平行四辺形
Perimeter	周囲
Polygon	多角形
Radius	半径
Rectangle	矩形
Sum	和
Symmetry	対称
Triangle	三角形
Volume	ボリューム

Measurements
測定値

Byte	バイト
Centimeter	センチメートル
Decimal	小数
Degree	度
Depth	深さ
Gram	グラム
Height	高さ
Inch	インチ
Kilogram	キログラム
Kilometer	キロメートル
Length	長さ
Liter	リットル
Mass	質量
Meter	メーター
Minute	分
Ounce	オンス
Ton	トン
Volume	ボリューム
Weight	重さ
Width	幅

Meditation
瞑想

Acceptance	受け入れ
Attention	注意
Breathing	呼吸
Clarity	明快
Compassion	思いやり
Emotions	感情
Gratitude	感謝
Habits	習慣
Kindness	親切
Mental	メンタル
Mind	マインド
Movement	動き
Music	音楽
Nature	自然
Observation	観察
Peace	平和
Perspective	パースペクティブ
Silence	沈黙
Thoughts	思考
To Learn	学ぶために

Music
音楽

Album	アルバム
Ballad	バラード
Chorus	コーラス
Classical	クラシック
Eclectic	折衷
Harmonic	ハーモニック
Harmony	調和
Instrument	楽器
Lyrical	叙情的
Melody	メロディー
Microphone	マイク
Musical	ミュージカル
Musician	音楽家
Opera	オペラ
Poetic	詩的
Recording	録音
Rhythmic	リズム
Sing	歌う
Singer	歌手
Vocal	ボーカル

Musical Instruments
楽器

Banjo	バンジョー
Bassoon	ファゴット
Cello	チェロ
Chimes	チャイム
Clarinet	クラリネット
Drum	ドラム
Flute	フルート
Gong	ゴング
Guitar	ギター
Harp	ハープ
Mandolin	マンドリン
Marimba	マリンバ
Oboe	オーボエ
Percussion	パーカッション
Piano	ピアノ
Saxophone	サックス
Tambourine	タンバリン
Trombone	トロンボーン
Trumpet	トランペット
Violin	バイオリン

Mythology
神話

Archetype	原型
Behavior	行動
Beliefs	信念
Creation	作成
Creature	生き物
Culture	文化
Deities	神々
Disaster	災害
Heaven	天国
Hero	ヒーロー
Immortality	不死
Jealousy	嫉妬
Labyrinth	ラビリンス
Legend	伝説
Lightning	稲妻
Monster	モンスター
Mortal	モータル
Revenge	復讐
Thunder	雷
Warrior	戦士

Nature
自然

Animals	動物
Arctic	北極
Beauty	美しさ
Bees	蜂
Clouds	雲
Desert	砂漠
Dynamic	動的
Erosion	侵食
Fog	霧
Foliage	葉
Forest	森
Glacier	氷河
Mountains	山
Peaceful	平和
River	川
Sanctuary	サンクチュアリ
Serene	穏やか
Tropical	トロピカル
Vital	重要
Wild	野生

Numbers
数字

Decimal	小数
Eight	八
Eighteen	十八
Fifteen	十五
Five	五
Four	四
Fourteen	十四
Nine	九
Nineteen	十九
One	一
Seven	セブン
Seventeen	セブンティーン
Six	六
Sixteen	十六
Ten	十
Thirteen	十三
Three	三
Twelve	十二
Twenty	二十
Two	二

Nutrition
栄養

Appetite	食欲
Balanced	バランス
Bitter	苦い
Calories	カロリー
Carbohydrates	炭水化物
Diet	ダイエット
Digestion	消化
Edible	食用
Fermentation	発酵
Flavor	味
Habits	習慣
Health	健康
Healthy	元気
Nutrient	栄養素
Proteins	タンパク質
Quality	品質
Sauce	ソース
Toxin	毒素
Vitamin	ビタミン
Weight	重さ

Ocean
海洋

Algae	藻
Coral	コーラル
Crab	カニ
Dolphin	イルカ
Eel	うなぎ
Fish	魚
Jellyfish	クラゲ
Octopus	たこ
Oyster	カキ
Reef	リーフ
Salt	塩
Seaweed	海藻
Shark	鮫
Shrimp	エビ
Sponge	スポンジ
Storm	嵐
Tides	潮汐
Tuna	ツナ
Turtle	カメ
Whale	鯨

Physics
物理学

Acceleration	加速
Atom	原子
Chaos	混沌
Chemical	化学薬品
Density	密度
Electron	電子
Engine	エンジン
Expansion	拡張
Formula	式
Frequency	周波数
Gas	ガス
Magnetism	磁気
Mass	質量
Mechanics	力学
Molecule	分子
Nuclear	核
Particle	粒子
Relativity	相対性理論
Universal	ユニバーサル
Velocity	速度

Plants
植物

Bamboo	竹
Bean	豆
Berry	ベリー
Botany	植物学
Bush	ブッシュ
Cactus	サボテン
Fertilizer	肥料
Flora	フローラ
Flower	花
Foliage	葉
Forest	森
Garden	庭
Grass	草
Ivy	蔦
Moss	苔
Petal	花弁
Root	根
Stem	茎
Tree	木
Vegetation	植生

Professions #1
職業 #1

Ambassador	大使
Astronomer	天文学者
Attorney	弁護士
Banker	銀行家
Cartographer	地図製作者
Coach	コーチ
Dancer	踊り子
Doctor	医者
Editor	編集者
Geologist	地質学者
Hunter	ハンター
Jeweler	宝石商
Musician	音楽家
Nurse	看護婦
Pianist	ピアニスト
Plumber	配管工
Psychologist	心理学者
Sailor	セーラー
Tailor	テーラー
Veterinarian	獣医

Professions #2
職業 #2

Astronaut	宇宙飛行士
Biologist	生物学者
Dentist	歯医者
Detective	探偵
Engineer	エンジニア
Farmer	農家
Gardener	庭師
Illustrator	イラストレーター
Inventor	発明者
Journalist	ジャーナリスト
Librarian	司書
Linguist	言語学者
Painter	画家
Philosopher	哲学者
Photographer	写真家
Physician	医師
Pilot	パイロット
Surgeon	外科医
Teacher	先生
Zoologist	動物学者

Psychology
心理学

Assessment	評価
Behavior	行動
Childhood	子供の頃
Clinical	臨床
Cognition	認知
Conflict	対立
Dreams	夢
Ego	自我
Emotions	感情
Experiences	経験
Ideas	アイデア
Influences	影響
Memories	思い出
Perception	知覚
Problem	問題
Reality	現実
Sensation	感覚
Therapy	治療
Thoughts	思考
Unconscious	無意識

Rainforest
レインフォレスト

Amphibians	両生類
Birds	鳥
Botanical	植物
Climate	気候
Clouds	雲
Community	コミュニティ
Diversity	多様性
Indigenous	先住民族
Insects	虫
Jungle	ジャングル
Mammals	哺乳類
Moss	苔
Nature	自然
Preservation	保存
Refuge	避難
Respect	尊敬
Restoration	復元
Species	種
Survival	生存
Valuable	貴重

Restaurant #2
レストラン #2

Beverage	飲料
Cake	ケーキ
Chair	椅子
Delicious	美味しい
Dinner	夕食
Eggs	卵
Fish	魚
Fork	フォーク
Fruit	フルーツ
Ice	氷
Lunch	ランチ
Noodles	麺
Salad	サラダ
Salt	塩
Soup	スープ
Spices	スパイス
Spoon	スプーン
Vegetables	野菜
Waiter	ウェイター
Water	水

Science
理科

Atom	原子
Chemical	化学薬品
Climate	気候
Data	データ
Evolution	進化
Experiment	実験
Fact	事実
Fossil	化石
Gravity	重力
Hypothesis	仮説
Laboratory	研究室
Method	方法
Minerals	ミネラル
Molecules	分子
Nature	自然
Organism	生物
Particles	粒子
Physics	物理学
Plants	植物
Scientist	科学者

Science Fiction
サイエンス・フィクション

Atomic	アトミック
Books	書籍
Chemicals	化学薬品
Cinema	シネマ
Clones	クローン
Dystopia	ディストピア
Explosion	爆発
Fantastic	素晴らしい
Fire	火
Futuristic	未来的
Galaxy	銀河
Illusion	イリュージョン
Imaginary	虚数
Mysterious	神秘的な
Oracle	オラクル
Planet	惑星
Robots	ロボット
Technology	技術
Utopia	ユートピア
World	世界

Scientific Disciplines
科学分野

Anatomy	解剖学
Archaeology	考古学
Astronomy	天文学
Biochemistry	生化学
Biology	生物学
Botany	植物学
Chemistry	化学
Ecology	生態学
Geology	地質学
Immunology	免疫学
Kinesiology	キネシオロジー
Linguistics	言語学
Mechanics	力学
Mineralogy	鉱物学
Neurology	神経学
Physiology	生理
Psychology	心理学
Sociology	社会学
Thermodynamics	熱力学
Zoology	動物学

Spices
スパイス

Anise	アニス
Bitter	苦い
Cardamom	カルダモン
Cinnamon	シナモン
Clove	クローブ
Coriander	コリアンダー
Cumin	クミン
Curry	カレー
Fennel	フェンネル
Fenugreek	フェヌグリーク
Flavor	味
Garlic	ニンニク
Ginger	ショウガ
Nutmeg	ナツメグ
Onion	玉葱
Paprika	パプリカ
Saffron	サフラン
Salt	塩
Sweet	甘い
Vanilla	バニラ

The Company
ザ・カンパニー

Business	ビジネス
Creative	クリエイティブ
Decision	決定
Employment	雇用
Global	グローバル
Industry	業界
Innovative	革新的
Investment	投資
Possibility	可能性
Presentation	プレゼンテーション
Product	製品
Professional	プロ
Progress	進捗
Quality	品質
Reputation	評判
Resources	リソース
Revenue	収益
Risks	リスク
Trends	トレンド
Units	単位

The Media
メディア

Advertisements	広告
Attitudes	態度
Commercial	商業
Communication	通信
Digital	デジタル
Edition	版
Education	教育
Facts	事実
Funding	資金調達
Images	画像
Individual	個人
Industry	業界
Intellectual	知的
Local	ローカル
Network	通信網
Newspapers	新聞
Online	オンライン
Opinion	意見
Public	公共
Radio	ラジオ

Time
時間

Annual	通年
Before	前
Calendar	カレンダー
Century	世紀
Clock	時計
Day	日
Decade	十年
Early	早い
Future	未来
Hour	時間
Minute	分
Month	月
Morning	朝
Night	夜
Noon	昼
Now	今
Soon	すぐ
Today	今日
Week	週
Year	年

To Fill
塗りつぶすには

Bag	バッグ
Barrel	バレル
Basket	バスケット
Bottle	ボトル
Box	箱
Bucket	バケツ
Carton	カートン
Crate	クレート
Drawer	引き出し
Envelope	封筒
Folder	フォルダ
Jar	瓶
Packet	パケット
Pocket	ポケット
Suitcase	スーツケース
Tray	トレイ
Tub	浴槽
Tube	チューブ
Vase	花瓶
Vessel	容器

Town
町

Airport	空港
Bakery	ベーカリー
Bank	銀行
Bookstore	書店
Cinema	シネマ
Clinic	診療所
Florist	花屋
Gallery	ギャラリー
Hotel	ホテル
Library	図書館
Market	市場
Museum	博物館
Pharmacy	薬局
School	学校
Stadium	スタジアム
Store	店
Supermarket	スーパーマーケット
Theater	劇場
University	大学
Zoo	動物園

Universe
宇宙

Asteroid	小惑星
Astronomer	天文学者
Astronomy	天文学
Atmosphere	雰囲気
Celestial	天体
Cosmic	コズミック
Darkness	闇
Equator	赤道
Galaxy	銀河
Hemisphere	半球
Horizon	地平線
Latitude	緯度
Moon	月
Orbit	軌道
Sky	空
Solar	太陽
Solstice	至点
Telescope	望遠鏡
Visible	目に見える
Zodiac	ゾディアック

Vacation #2
バケーション #2

Airport	空港
Beach	ビーチ
Camping	キャンプ
Destination	行き先
Foreigner	外国人
Holiday	休日
Hotel	ホテル
Island	島
Journey	旅
Leisure	レジャー
Map	地図
Mountains	山
Passport	パスポート
Restaurant	レストラン
Sea	海
Taxi	タクシー
Tent	テント
Train	列車
Transportation	交通
Visa	ビザ

Vegetables
野菜

Artichoke	アーティチョーク
Broccoli	ブロッコリー
Carrot	にんじん
Cauliflower	カリフラワー
Celery	セロリ
Cucumber	キュウリ
Eggplant	茄子
Garlic	ニンニク
Ginger	ショウガ
Mushroom	キノコ
Onion	玉葱
Parsley	パセリ
Pea	エンドウ
Pumpkin	かぼちゃ
Radish	だいこん
Salad	サラダ
Shallot	エシャロット
Spinach	ほうれん草
Tomato	トマト
Turnip	カブ

Vehicles
車両

Airplane	飛行機
Ambulance	救急車
Bicycle	自転車
Boat	ボート
Bus	バス
Car	車
Caravan	キャラバン
Engine	エンジン
Ferry	フェリー
Helicopter	ヘリコプター
Motor	モーター
Raft	いかだ
Rocket	ロケット
Scooter	スクーター
Submarine	潜水艦
Subway	地下鉄
Taxi	タクシー
Tires	タイヤ
Tractor	トラクター
Truck	トラック

Visual Arts
ビジュアルアーツ

Architecture	建築
Artist	アーティスト
Chalk	チョーク
Charcoal	炭
Clay	粘土
Composition	構成
Creativity	創造性
Easel	イーゼル
Film	映画
Masterpiece	傑作
Painting	絵画
Pen	ペン
Pencil	鉛筆
Perspective	パースペクティブ
Photograph	写真
Portrait	ポートレート
Pottery	陶器
Sculpture	彫刻
Stencil	ステンシル
Wax	ワックス

Water
水

Canal	運河
Damp	湿った
Evaporation	蒸発
Flood	洪水
Frost	霜
Geyser	間欠泉
Humidity	湿度
Hurricane	ハリケーン
Ice	氷
Irrigation	灌漑
Lake	湖
Moisture	水分
Monsoon	モンスーン
Ocean	海洋
Rain	雨
River	川
Shower	シャワー
Snow	雪
Steam	蒸気
Waves	波

Weather
天気

Atmosphere	雰囲気
Breeze	そよ風
Climate	気候
Cloud	雲
Drought	旱魃
Dry	ドライ
Fog	霧
Hurricane	ハリケーン
Ice	氷
Lightning	稲妻
Monsoon	モンスーン
Polar	極性
Rainbow	虹
Sky	空
Storm	嵐
Temperature	温度
Thunder	雷
Tornado	竜巻
Tropical	トロピカル
Wind	風

Congratulations

You made it!

We hope you enjoyed this book as much as we enjoyed making it. We do our best to make high quality games.
These puzzles are designed in a clever way for you to learn actively while having fun!

Did you love them?

A Simple Request

Our books exist thanks your reviews. Could you help us by leaving one now?

Here is a short link which will take you to your order review page:

BestBooksActivity.com/Review50

MONSTER CHALLENGE!

Challenge #1

Ready for Your Bonus Game? We use them all the time but they are not so easy to find. Here are **Synonyms**!

Note 5 words you discovered in each of the Puzzles noted below (#21, #36, #76) and try to find 2 synonyms for each word.

Note 5 Words from *Puzzle 21*

Words	Synonym 1	Synonym 2

Note 5 Words from *Puzzle 36*

Words	Synonym 1	Synonym 2

Note 5 Words from *Puzzle 76*

Words	Synonym 1	Synonym 2

Challenge #2

Now that you are warmed-up, note 5 words you discovered in each Puzzle noted below (#9, #17, #25) and try to find 2 antonyms for each word. How many lines can you do in 20 minutes?

Note 5 Words from **Puzzle 9**

Words	Antonym 1	Antonym 2

Note 5 Words from **Puzzle 17**

Words	Antonym 1	Antonym 2

Note 5 Words from **Puzzle 25**

Words	Antonym 1	Antonym 2

Challenge #3

Wonderful, this monster challenge is nothing to you!

Ready for the last one? Choose your 10 favorite words discovered in any of the Puzzles and note them below.

1.	6.
2.	7.
3.	8.
4.	9.
5.	10.

Now, using these words and within a maximum of six sentences, your challenge is to compose a text about a person, animal or place that you love!

Tip: You can use the last blank page of this book as a draft!

Your Writing:

Explore a Unique Store
Set Up **FOR YOU!**

MEGA DEALS

BestActivityBooks.com/**TheStore**

Designed for Entertainment!

Light Up Your Brain With Unique **Gift Ideas**.

Access **Surprising** And **Essential Supplies!**

CHECK OUT OUR MONTHLY SELECTION NOW!

- Expertly Crafted Products -

NOTEBOOK:

SEE YOU SOON!

Linguas Classics Team

ENJOY FREE GAMES

NOW ON

↓

BESTACTIVITYBOOKS.COM/FREEGAMES

www.ingramcontent.com/pod-product-compliance
Lightning Source LLC
Chambersburg PA
CBHW082151120626

46553CB00010B/2856